Martin Müller

Alle Nationen rufe ich zu mir!

Die Botschaften von Sievernich

Band 2

Fr.-Wirth-Str. 4, D-88353 Kisslegg
Fotos: Jochen Hils, Martin Müller
Umschlaggestaltung: Renate Geisler
Titelbild: Marienstatue „Maria, die Makellose“,
im Hintergrund Innenansicht der Pfarrkirche Sievernich
Foto Rückseite: Kirche und Kapelle von Sievernich
Mai 2005, 1. Auflage
Druck: Pustet, Regensburg
ISBN: 3-928929-74-7

Martin Müller

Alle Nationen rufe ich zu mir!

Die Botschaften von Sievernich
Band 2

fe-medienverlag, kisslegg

Die in diesem Buch abgedruckten Botschaften werden bekannt gegeben, ohne dem Urteil der römisch-katholischen Kirche vorgreifen zu wollen.

Inhalt

Fatima-Statue in der Pfarrkirche von Sievernich

Einleitung

Als im Sommer 2002 die Meldung durch verschiedene Gazetten geisterte, in einer kleinen Gemeinde in der Diözese Aachen fänden angeblich Marienerscheinungen statt, trat die bis dahin weitgehend unbekannte 450-Seelen-Gemeinde Sievernich plötzlich ins Rampenlicht der Öffentlichkeit. Presse, Funk und Fernsehen waren da, um über das angebliche Wunder zu berichten. Und obwohl der damalige Ortspfarrer Heribert Kleemann mit den Medien sehr geschickt umging, lautete dort das Fazit doch mehrheitlich, in Sievernich träfen sich nur Wundersüchtige und religiös Überdrehte.
Überraschen konnte so eine Bewertung kaum. Denn wer grundsätzlich nicht an Wunder, an Marienerscheinungen oder gar an einen Gott glaubt, hat sein Urteil über solche Vorgänge ja schon im Voraus gefällt. Er wird nur noch nach Begründungen suchen, wieso es sich nicht um ein Wunder handeln könne. Wenn dann – wie in Sievernich – keinerlei Hinweise auf arglistige Täuschung oder Geschäftemacherei vorliegen, müssen eben Hysterie und religiöser Wahn als Erklärung herhalten. In Wirklichkeit hat sich aber seit den fünf Jahren der Erscheinungen an Manuela Strack gezeigt, dass von Hysterie und religiösem Wahn hier nicht die Rede sein kann. Der ihr im Auftrag des zuständigen Bischofs von Aachen zugewiesene geistliche Begleiter, Pfarrer Dr. Bündgens, genauso wie die vielen Gläubigen, die regelmäßig mit Manuela Strack beten und Gottesdienst

feiern, erleben eine normale, seelisch gesunde Frau, die in der Mitte des Glaubens steht.

Das Medienecho hat sich zwischenzeitlich gelegt. Indessen sind die Ereignisse in Sievernich weitergegangen. Noch immer treffen sich jeweils am ersten Montag eines Monats die Beter nach dem Wunsch der Jungfrau Maria als „Blaue Gebetsoase“ in der Pfarrkirche Sievernich zu Gebet und Gottesdienst. Nach wie vor empfängt die Seherin Manuela Strack Botschaften vom Himmel. Nach dem Hauptzyklus der Muttergotteserscheinungen von Juni 2000 bis Oktober 2002 sind weitere Botschaften hinzugekommen. Neu sind auch Ratschläge und Gebete der heiligen Teresa von Avila, der großen spanischen Mystikerin und Kirchenlehrerin, an die Seherin sowie Erscheinungen des Erzengels Gabriel.

Pfarrer Heribert Kleemann

Dieses zweite hier vorliegende Sievernich-Buch dokumentiert die weiteren Botschaften vom 3. Februar 2003 – 4. April 2005, nachdem die vorhergehenden Mitteilungen bereits in einem ersten Buch („Ich bin Maria, die Makellose“ – Die Botschaften von Sievernich, Fe-Medienverlags GmbH, Kisslegg 2003) zusammengefasst sind. Dort findet sich auch ein Interview mit Ortspfarrer Heribert Kleemann über die Ereignisse in seiner Gemeinde und seine persönliche Einschätzung der Seherin, deren Seelenführer er war. Kleemann bezeichnete die Seherin darin als

Letzte Ruhestätte von Pfarrer Heribert Kleemann

„glaubwürdig“ und sah sie auf „einem guten Weg“. Auch die Liturgie bei den monatlichen Gebetstreffen in Sievernich bezeichnete er als „vollkommen exakt“ und frei von irgendwelchen privaten Einfügungen: „Wenn der Heilige Vater in der Kirche hinten säße, könnte er nur viel Freude haben!“, so der Geistliche damals. (Die Erscheinungen der Gottesmutter finden während des Rosenkranzgebetes vor der heiligen Messe statt. Die Gottesmutter durchkreuzt nicht das Messopfer ihres Sohnes).

Inzwischen ist Pfarrer Heribert Kleemann, ohne dessen wohlwollende Begleitung sich die Gebetstreffen in Sievernich, kaum hätten so entwickeln können, tot. Er verunglückte am Samstag, dem 19. Juni 2004, am Fest des Unbefleckten Herzen Mariens, auf der Fahrt zur heiligen Messe in der Nachbarpfarrei Nörvenich-Rath tödlich und verbrannte in seinem Fahrzeug. Die Wege Gottes sind unergründlich. Aber wir können vertrauen, dass alles, was Gott tut und zulässt, seinen Grund und Sinn hat.

Pfarrer Heribert Kleemann, der vielen „Sievernich-Pilgern“ der ersten Stunde persönlich bekannt ist, wurde am 24. April 1950 in Mönchengladbach geboren. Er studierte als Priesterkandidat des Bistums Aachen Theologie in Bonn und München. Nach dem Besuch des Aachener Pastoralseminars erhielt er am 3. Juli 1976 in Stolberg die Priesterweihe. Zunächst war er für kurze Zeit Kaplan an St. Michael in Schwalmtal-Waldniel, dann von September 1976 bis August 1980 Kaplan an St. Lambertus in Erkelenz. Anschließend wurde er noch einmal für ein Jahr zum Weiterstudium beurlaubt, um dann als Kaplan an St. Anna in Düren und an St. Clemens in Viersen-Süchteln zu wirken. Im November 1983 wurde er zum Pfarrer an St. Cyriakus in Düren-Niederau ernannt. Von April 1984 bis zu seinem tragischen Unfalltod im Juni 2004, also über 20 Jahre, leitete er als Pfarrer die Pfarrgemeinden St. Johann Baptist in Vettweiß-Sievernich und St. Mariä Himmelfahrt in Vettweiß-Disternich. Heribert Kleemann wurde in seiner Heimat auf dem Hauptfriedhof in Mönchengladbach beigesetzt.

Der Gebetsweg von Gürzenich nach Sievernich

Seit dem Jahr 2003 ziehen viele Beter der „Blauen Gebetsoase“ zusammen mit Manuela Strack jeweils am Montag der Karwoche in einer Prozession betend

Gläubige auf dem Gebetsweg

und singend den 23,5 km langen Weg von Gürzenich nach Sievernich. In einer Botschaft vom 3. Februar 2003 richtete die Gottesmutter ein persönliches Wort an die Seherin und bat sie, ein Opfer durch einen Buß- und Bittweg von Gürzenich nach Sievernich zu bringen. „Diesen Weg sollte ich jedoch nicht alleine, sondern mit mehreren Personen gemeinsam jährlich am Montag der Karwoche gehen. Das Gebetsanliegen dieses Weges war für die Priester und Ordensleute, für den Frieden in der Welt, in unseren Bistümern, in den Pfarrgemeinden, in unseren Familien und in unseren Herzen bestimmt", so Manuela Strack. Nach Erlaubnis zur Durchführung dieses Gebetsweges durch ihren Seelenführer fand der Gebetsweg erstmals 2003 und seither jährlich statt.

Ein eucharistisches Wunder

Ein außergewöhnlicher Vorgang wird vom Gebetstreffen am 8. November 2004 in Sievernich berichtet. „Während der Anbetung des Allerheiligsten Altarsakraments betete ich versunken, als plötzlich verschiedene Leute aus den Kirchenbänken riefen: ‚Die heilige Hostie ... das Jesuskind ...!' Aufmerksam gemacht von den Leuten, sah ich nun vor der heiligen Hostie das kleine Jesuskind, ganz in weißes Licht gehüllt mit einigen schwarzen Haaren. Seine rechte Hand erhob es zum Segen ... Das Jesuskind war für viele Menschen mindestens 15 Minuten sichtbar. Mit der Wegnahme der Hostie aus

In dieser Monstranz sahen viele das Jesuskind.

der Monstranz durch den Priester verschwand auch das Jesuskind“, so schildert Manuela Strack das erstaunliche Geschehen.

Stellvertretend für etwa 80 der 400 anwesenden Beter, die dieses Ereignis miterlebt haben, sei hier aus dem Zeugnis von Anneliese Mroncz aus Stolberg zitiert: „Ich sah ganz deutlich ... ein Bild von einem kleinen Kind mit Lockenkopf ... Das Bild war ganz deutlich als ein Brustbild vom Jesulein zu sehen. Ich schaute und schaute, so dass eine Freundin, die neben mir stand und mich so intensiv schauen sah, sagte: ‚Du siehst richtig, ich sehe es auch.' Ich fragte: ‚Was siehst du?' Sie antwortete mir: ‚Das Jesulein!' Mein Mann und meine Verwandten in der Reihe vor uns hörten uns flüstern und drehten sich herum, um zu bestätigen, dass sie dasselbe sähen. Auch die Leute hinter uns waren nun mutig zu bestätigen, dass sie auch Jesus als Kind sehen. Und so ging es durch manche Reihe ... Als am Schluss durch das Mikrophon gefragt wurde, wer alles etwas in der Hostie gesehen habe, stellte sich heraus, ca. 80 Leute hatten es gesehen ... Ich möchte dieses Wunder hiermit bezeugen, auch für die vielen anderen Leute, die teilweise schon dem Bischof von Aachen Mitteilung hiervon gemacht haben. Ich werde diese Gnade, die mir mit den anderen Pilgern zuteil wurde, nie genug zu schätzen wissen und hierfür danken können. Das Bildnis vom Jesuskind ist tief in mein Gedächtnis und mein Herz eingegraben, so dass ich es noch immer deutlich vor mir sehe. Preise den Herrn!"

Die drei Schlüssel für den Heiligen Vater

Im Februar 2004 reiste Manuela Strack zusammen mit einigen Vertrauten nach Rom, um dem Heiligen

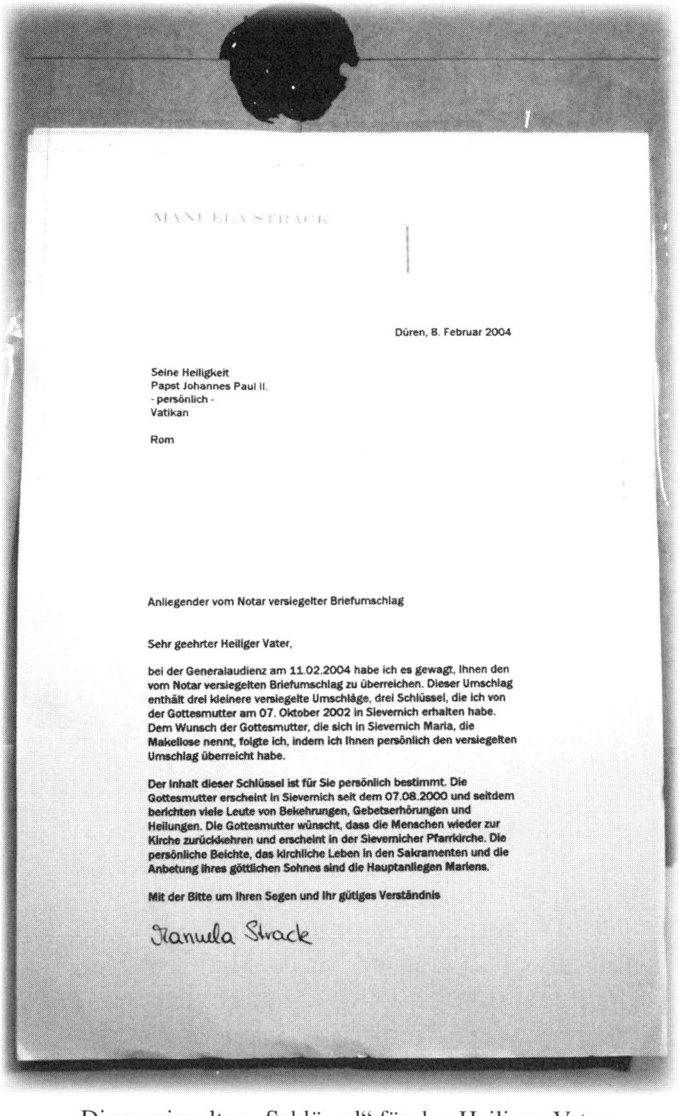

MANUELA STRACK

Düren, 8. Februar 2004

Seine Heiligkeit
Papst Johannes Paul II.
- persönlich -
Vatikan

Rom

Anliegender vom Notar versiegelter Briefumschlag

Sehr geehrter Heiliger Vater,

bei der Generalaudienz am 11.02.2004 habe ich es gewagt, Ihnen den vom Notar versiegelten Briefumschlag zu überreichen. Dieser Umschlag enthält drei kleinere versiegelte Umschläge, drei Schlüssel, die ich von der Gottesmutter am 07. Oktober 2002 in Sievernich erhalten habe. Dem Wunsch der Gottesmutter, die sich in Sievernich Maria, die Makellose nennt, folgte ich, indem ich Ihnen persönlich den versiegelten Umschlag überreicht habe.

Der Inhalt dieser Schlüssel ist für Sie persönlich bestimmt. Die Gottesmutter erscheint in Sievernich seit dem 07.08.2000 und seitdem berichten viele Leute von Bekehrungen, Gebetserhörungen und Heilungen. Die Gottesmutter wünscht, dass die Menschen wieder zur Kirche zurückkehren und erscheint in der Sievernicher Pfarrkirche. Die persönliche Beichte, das kirchliche Leben in den Sakramenten und die Anbetung ihres göttlichen Sohnes sind die Hauptanliegen Mariens.

Mit der Bitte um Ihren Segen und Ihr gütiges Verständnis

Manuela Strack

Die versiegelten „Schlüssel“ für den Heiligen Vater

Vater drei für ihn bestimmte „Schlüssel“ zu übergeben, die ihr von der Gottesmutter schon am 7. Oktober 2002 geschenkt worden waren. Die drei Schlüssel setzen sich aus drei Visionen zusammen, aus drei Bildern, die sich bewegten und mit Tönen untermalt waren. Es waren drei Botschaften für den Heiligen Vater. „Nur deinem Heiligen Vater in Rom, meinem geliebten Hirten, gebe die Schlüssel. Bitte schweige, man wird dir keinen Glauben schenken“, hatte ihr die himmlische Frau gesagt.

Bei der Generalaudienz vom 11. Februar 2004 übergab eine Freundin in Gegenwart von Manuela Strack dem Papst die versiegelten Schlüssel zusammen mit einem Begleitschreiben (Siehe Bild Seite 15). Damit erfüllte die Seherin den Wunsch der Madonna. Über den Inhalt der Schlüssel aber schweigt sie sich – ebenfalls gemäß dem Wunsch Mariens – aus.

Pfarrer Alexander Alef

Dass ausgerechnet die kleine Kirche von Sievernich auserwählt wurde, Ort von Marienerscheinungen und des besonderen Gebetes zu werden, mag vielleicht auch an der Vergangenheit dieser Kirche liegen. Neben einer Fatima-Statue, die dort schon seit 1953 steht und die lange und tiefe Verbundenheit dieser Pfarrgemeinde mit der Muttergottes ausdrückt, beherbergt die Kirche St. Johannes Baptist in Sievernich auch Reliquien des großen hl. Hermann Josef († um 1250). Und nicht zuletzt wirkte dort während der Nazizeit ein heiligmäßiger Priester, der schließlich zu einem „Märtyrer des 20. Jahrhunderts“ werden sollte: Pfarrer Alexander Alef. Schon in den dreißiger Jahren von der NSDAP angeklagt und denunziert, wurde Pfarrer Alef 1943 von der Gestapo mit einem Tätigkeitsverbot belegt, verbannt und zu regelmäßiger polizeilicher Meldung verpflichtet. Im Februar 1944 wurde er schließlich von der Gestapo abgeholt und in ein Aachener Gefängnis gesteckt. Von dort wurde er über das Konzentrationsaußenlager Köln-Deutz schließlich ins Konzentrationslager Buchenwald abtransportiert. Wegen der nahen Front verfrachteten die Nazis den Sievernicher Pfarrer zusammen mit 46 weiteren Priestern im Januar 1945 aus Buchenwald ins Konzentrationslager nach Dachau. Dort starb Pfarrer Alexander Alef am 16. Februar 1945 an Entkräftung und Krankheit. Sein Leichnam wurde im Krematorium verbrannt. Noch in der Verbannung hatte Pfarrer Alef seinen Rosenkranz einer Ordensschwester aus Sievernich mit den Worten übergeben: „Den sollen sie nicht auch noch haben

Pfarrer Alexander Alef

– für die Sievernicher soll der Rosenkranz in der Pfarrkirche aufbewahrt werden."
Durch die Erscheinungen der Makellosen in dieser Pfarrkirche und die Gebete der „Blauen Gebetsoase" ist daraus mehr denn je ein lebendiger Rosenkranz geworden. Auch die Worte dieses großen Geistlichen Alexander Alef aus einem Abschiedsbrief atmen irgendwie den Geist der Botschaften Mariens in Sievernich: „Gegen niemand darf ich, will ich einen auch nur kleinen Groll im Herzen haben, denn die einzige und wahre Vergeltung ist nur die Liebe. Alles, was wir den Leuten auf der Kanzel sagen, ist erst dann ganz wahr, wenn es durchlitten ist im Leben von uns selbst. An uns allen möge Pauli Wort wahr werden: ‚Denen, die Gott lieben, sind alle Dinge zum Besten'."
Wenn die Makellose sagt: „Liebt und vergebt einander, so wie es mein Sohn Jesus tat. Jesus ist euer Heil ... Er wird euch führen, führen ins Vaterhaus. Kinder, habt keine Furcht! Es ist doch der Weg der allmächtigen Liebe, der Liebe selbst!", dann schließt sich ein Kreis, und wir erkennen: Es gibt nur ein Evangelium: Gott und den Nächsten zu lieben! In Sievernich ist dieses Evangelium lebendig. Gibt es ein größeres Zeugnis?

Martin Müller

Band 2

Die Botschaften der Muttergottes

Sievernich, 3. Februar 2003

Erscheinung

Gegen 17.40 Uhr erschien die Muttergottes etwa 10 Minuten lang. Während der Erscheinung hielt ich eine Zeit lang beide Hände in Form einer Schale. Ich sah die Gottesmutter in einem weißen Gewand, wie auf ihrem Bild, ganz in Weiß gekleidet als Makellose. Sie trug in ihren zum Gebet gefalteten Händen einen Rosenkranz, welcher aus blauen Rosen bestand. Die Heilige Jungfrau stand auf der Erdkugel. Sie sagte mir, dass die Gebete der Anwesenden ihre Tränen trockneten. Weiter sprach sie zu mir, ich solle meine Hände zu einer Schale formen und meine Gebetsanliegen und die der Anwesenden in diese Schale hineinlegen. Dies tat ich, und die Gottesmutter nahm alle Anliegen entgegen und drückte sie an ihr Unbeflecktes Herz. Daraufhin legte die Makellose mir eine weiße Rose in meine Hände, welche noch zu einer Schale geformt waren. Sie sprach mit sanfter, aber mahnender Stimme:

„Ich kann es diesmal nicht verhindern, dass der Kelch meines Sohnes sich über die Menschheit neigt! Euch aber werde ich unter meinem schützenden Mantel bergen. Betet, betet, betet!"

Anschließend sah ich in der Kirche den verstorbenen Pater Pio und später auch den verstorbenen Papst Pius XII.

Am Montag, dem 17. Februar 2003, sah ich in der Sievernicher Kirche neben dem verstorbenen Papst

Pius XII. einen etwa 12-jährigen Jungen im Anzug. Später zeigte sich mir dieser Junge erneut. Er hielt in der linken Hand ein Buch, mit drei Fingern der rechten Hand zeigte er die Zahl drei. Da ich den Jungen nicht kannte, beschrieb ich ihn den Betern. Aufgrund eines Bildes, welches ich von einem Beter erhielt, erkannte ich den jugendlichen heiligen Dominikus Savio. Ich erfuhr, dass Dominikus Savio der Lieblingsschüler des heiligen Don Bosco, des großen Heiligen der Jugend, war. Er wurde 1954 von Pius XII. heilig gesprochen. Am 10. März habe ich ihn zum dritten Mal gesehen.

Sievernich, 10. März 2003

Erscheinung

Die Gottesmutter sah ich als Makellose, ganz in Weiß gekleidet. Sie trug einen weißen Rosenkranz in ihren zum Gebet gefalteten Händen. Sie schwebte im Chorraum und stand auf der Erdkugel. Sie weinte und sprach:

„Ich weine um meine Söhne, ich weine um meine Töchter. Betet, betet, betet! Wenn die Menschheit sich nicht bekehrt, wird es zu einem Krieg kommen, der furchtbare Ereignisse mit sich zieht."

Die Muttergottes segnete uns alle, öffnete ihren Mantel, und wir alle waren unter ihrem schützenden Mantel geborgen. Unterhalb der Erscheinung der Heiligen Jungfrau, weiter unten, in der Nähe der Kinder, sah ich den kleinen Dominikus Savio. Er sagte:

„Ich rufe die Jugend in diese Kirche. Verwehrt ihnen nicht den Weg zum Vater."

Sievernich, 7. April 2003

Erscheinung

Die Gottesmutter kam aus dem hellen ovalen Licht hervor und war ganz in Weiß gekleidet als Makellose. Sie wünschte die Anbetung Jesu, ihres Sohnes, im Allerheiligsten Sakrament des Altares. Sie sprach:

„Heute bin ich zu euch gekommen, um die Gnaden meines Sohnes Jesus zu verteilen. Dem Tier ist noch die Macht auf Erden gegeben. Betet, betet, betet!"

Sie segnete alle Anwesenden und nahm uns unter ihren schützenden Mantel. Anschließend sah ich den verstorbenen Papst Pius XII. und den heiligen Dominikus Savio. Dominikus Savio stand bei den Kindern. Er ging zu jedem Kind und segnete es.

Während der Anbetung Jesu im Allerheiligsten Sakrament des Altares am Montag, 19. Mai 2003, sah ich, wie sich plötzlich die heilige Hostie veränderte. Sie bekam mehrere Blutflecken. Dies dauerte ein paar Minuten. Nun sah ich in der heiligen Hostie das Antlitz Jesu, so, wie ich es in etwa vom Turiner Grabtuch her kenne. Es verging ca. eine Minute.

Über meine Ohren hörte ich nun, wie Jesus mit mir zu sprechen begann. Seine Stimme klang männlich, sanft, einfühlsam, sehr klar, leise und einfach wunderbar. Ich hoffe nur, alles getreu wiedergeben zu können, da ich alles erst nach der Anbetung aufschreiben konnte; doch sind mir Seine Worte wie in die Seele eingebrannt und gegenwärtig. Er sprach:

„Ich grüße und segne dich, meine kleine Blume. Erkennst du Mich?“

Ich antwortete: „Ja, Herr. Du bist Jesus Christus, Gottes Sohn, aber Du hast noch nie aus der heiligen Hostie zu mir gesprochen. Ich kann mich jedenfalls nicht daran erinnern.“

Jesus sprach: „Ich will es so. Es ist notwendig. Ich will bei dir sein. Bleibe deinem Auftrag treu. Meine heiligste Mutter Maria sandte Ich zu euch in diese Kirche; Ich sandte sie mit Meinen Worten zu euch, damit ihr alles befolgt, so wie Ich es will. Hört auf ihre Worte, ihre Worte sind auch Meine Worte. Ich habe dich erwählt als einfache, normale Person, damit die Menschen erkennen, wie Ich wirke, was an dir natürlich ist und was Ich dir schenke. Was Ich dir schenke sind Gnaden, sie sind nicht natürlich. Deine einfache Person ist dazu nicht in der Lage. Durch dich dürfen die Menschen erfahren, dass Ich zu jedem von euch komme, wenn Ich nur eingeladen werde. Allen Menschen schenke Ich Heil und Segen. Meine Mutter kommt zu euch und ist für dich sichtbar, weil Ich es so will. Dein Auftrag ist das Gebet und das Gespräch mit den Menschen, sie dürfen so nach ihrem eigenen Willen wieder zu Mir finden. Führe sie zurück zu Meinem Leib, der Kirche. Schenke ihnen, was du von Mir geschenkt bekommen hast, Meine Worte, die Meiner heiligsten Mutter Maria, die Worte des Himmels. Dies ist dein Weg, dein Auftrag, bleibe ihm treu. Alles andere wende ab von dir, denn Ich will nicht, dass du irdische Aufgaben erhältst, die nicht deinem Auftrag entsprechen. Ich will es nicht. Gib ab, Ich sehe, dass du Hilfe und Helfer brauchst. Diese sind dafür bestimmt. Dein Weg ist ein anderer.

Meine Priester, Meine Nachfolger, wo seid ihr? Seht Mich an, könnt ihr vor Mir bestehen? Liebt ihr Mich oder geht ihr den irdischen Genüssen des weltlichen Lebens nach? Meine Kleine, bevor Ich die Welt mit Meinen Füßen betrat, liebten die Pharisäer Meinen Vater nicht mehr. Sie waren genusssüchtig und korrupt. Sie lebten das Wort Meines Vaters nicht mehr. Sie urteilten über Menschen und zogen damit das Gericht über sich. Meine Kleine, wie ist es heute? Kurz vor Meiner Wiederkunft in Herrlichkeit schaue Ich auf Meine Nachfolger. Wer liebt Mich heute noch? Wer handelt nach Meinem Wort? Zu Meinen Lebzeiten auf der Erde wurde Ich geschunden und gemartert. Die Pharisäer waren Mir keine Hilfe. Sie taten das Ihre hinzu. Wie ist es heute? Werde Ich von Meinen Priestern geliebt und verkündet oder werde Ich von ihnen verleugnet um ihrer selbst willen? Bin Ich nicht die Liebe selbst, und wie handeln diese, Meine Nachfolger? Antwortet selbst, Meine Nachfolger, und prüft euch in der Stille. Ich kenne einen jeden von euch und darum schenke Ich Meinen Kleinen und Einfachen Meine Gnade, Mein Wort. Wegen eurer Vergehen wird die Kirche, Mein Leib, in Deutschland geschunden, weil ihr nicht mehr wahrhaftig seid. Ich liebe euch, Ich rufe euch, ihr Meine Nachfolger, kehrt um, kehrt zu Mir zurück. Liebt Mich, euren Herrn, so, wie Ich euch liebe! Reicht Mir die Hand, reicht sie Mir heute.

Dieser Ort ist Mir und Meiner Mutter vorbehalten. Ich will, dass Menschen an diesem Ort ein Zentrum errichten, welches der Kirche, Meinem Leib, und somit Mir dient. Dient dem Vater im Himmel, Mir, dem Sohn, und Seiner Mutter treu und redlich. Dort soll geschehen, was Ich euch lehrte, was euch die Kirche sagt. Deine Helfer dürfen sich in Mir geborgen fühlen gegen Anfeindungen und Versuchungen des Feindes. Bitte sie nur um Gebet. Jeder von ihnen darf seine eigene Person um Meinetwillen zurückstellen. Dies ist der Auftrag deiner Helfer. Sind sie Mir und Meiner Mutter treu, so bringen sie reiche Frucht. Bei allem bedenke: Was Ich will, geschieht, Ich siege!“

Am Montag, 2. Juni 2003, ging ich zum Kreuz im Sievernicher Garten, wo ich am 7. Oktober 2002 drei Schlüssel von der Gottesmutter erhalten habe. Dort wollte ich ihr durch Gebet die Ehre erweisen, bevor ich zur Kirche ging. Einige Leute waren eben-

falls dort. Plötzlich sah ich ein ganz helles weißes und strahlendes Licht aus der Ferne langsam auf mich zukommen. Es blendete meine Augen. Meine Augen tränten und meine Nase lief plötzlich etwas. Dann war das ovale strahlende Licht kurz vor mir, vor der Stelle des Kreuzes. Aus diesem schönen Licht, welches auch leichte Nebelschwaden und Wolken mit sich brachte, trat die Gottesmutter als Makellose hervor. Mit ihren Füßen berührte sie das Bodenkreuz. Sie segnete mich und einzeln alle Anwesenden. Dann sprach sie:

„Ich grüße und segne euch im Namen meines Sohnes Jesus."

Ich antwortete in etwa so: „Ich grüße dich, heilige Jungfrau Maria."

Sie sprach: „Heute bin ich zu euch gekommen, um euch die Gnaden meines Sohnes Jesus zu schenken. Betet, betet, betet, damit ich an diesem Ort die Herzen mit den Gnaden meines Sohnes Jesus erfüllen kann."

Ich bat sie um Heilung und Hilfe mehrerer Personen im Gebet, wenn Gott es so wünsche. Sie möge den Menschen beistehen. Sie nahm meine Bitten gerne entgegen und sprach über einen Mann, der bald heimgeholt würde, und eine Frau, die die Hilfe des Himmels bekommt. Ich sagte zu ihr, dass ich vor verschiedenen Problemen stünde. Sie sprach zu mir:

„Meine kleine Gebetsperle, sorge dich nicht. Ich

werde für die Meinigen sorgen. Ich habe dich gerufen als einfache Person."

(Es erfolgte eine persönliche Mitteilung.)

„Ich wünsche es so, mein Sohn Jesus wünscht es. Ich wünsche ein Zentrum des Glaubens an diesem Ort. Satan wird seine Wut zum Ausdruck bringen. Ich bin bei euch."

Darauf sagte ich: „Nein, als einfache Person kann ich das nicht. Ich brauche Helfer und Hilfe. Habe ich es nicht schon schwer genug?"

Die Gottesmutter sprach zu mir: „Ich sende dir meine Hilfe und Helfer. Bete nur! Du wirst an diesem Ort für dich keine Heilung finden. Auf Erden ist dein Weg voller Dornen. Dein Glück wirst du erst bei mir im Himmel finden. Bedenke jedoch, meine Kleine, ohne Leiden keine Gnaden. Befolge nur getreu deinen Auftrag, sorge dich nicht!"

Ich sprach sie auf ein Zeichen an und bat, dieses schnell zu schenken. Sie jedoch lächelte mich an und schwieg und ich merkte so richtig das erste Mal, wie schön und Ehrfurcht gebietend sie war und wie klein ich dagegen bin. Habe ich dies wirklich jetzt erst gemerkt oder wird sie immer schöner? Auf jeden Fall ist ihre Erscheinung, ihre Person schöner als alle Darstellungen. Dann ging die Gottesmutter den Weg zur Kirche voraus. Alle folgten ihr. Sie segnete in der Kirche die Anwesenden und diejenigen, die außen standen.

Sievernich, 14. Juli 2003

Erscheinung

Ich sah Maria, die Makellose, aus dem ovalen strahlenden Licht heraustreten. Sie schwebte links vom Altar zu mir. Über mir hielt sie an und trug in ihren Händen einen weißen Rosenkranz und das braune Skapulier vom Berge Karmel. Sie segnete und sprach zu mir:

„Liebes Kind, ich grüße und segne dich im Namen meines geliebten göttlichen Sohnes Jesus Christus. Betet, betet, betet! Bleibe treu und beharrlich. Ich ebne dir den Weg zu meinem Sohn Jesus. Viele Priester glauben nicht an mein Kommen und verleugnen meinen Sohn. Sie sind gegen dich, weil sie auch wider meinen Sohn sind. Sie verwunden täglich mein Herz. Bleibe beharrlich und lasse dich nicht von dem Weg abbringen, den ich dir wies. Ich bin heute zu euch gekommen, um euch den Segen meines Sohnes Jesus zu schenken. Diese Kirche habe ich auserwählt. Alle Nationen rufe ich zu mir!“

Sievernich, 1. September 2003

Erscheinung

Die Gottesmutter erschien als Makellose in Sievernich.

(Es erfolgte eine persönliche Mitteilung.)

Sie sprach zu mir: „Bleibe der Kirche gehorsam. Ich schenke dir die Kraft des Himmels."

Sie segnete die Menschen, die in der Kirche waren und außen vor der Kirche standen, und die Rosenkränze.

(Es erfolgte eine persönliche Mitteilung.)

Sievernich, 6. Oktober 2003

Erscheinung

Die Gottesmutter kam als Makellose mit ihrem Rosenkranz und dem Skapulier vom Berge Karmel zu uns. Sie erschien, wie immer, links von mir aus gesehen, neben dem Altar und schwebte auf einer Wolke zu uns. Sie segnete uns alle und ich durfte ihr Skapulier küssen.

(Es erfolgte eine persönliche Mitteilung.)

Sie versprach mir ihren Schutz und ihre Hilfe. Ich bat sie um ein Zeichen.

Sievernich, 20. Oktober 2003

Erscheinung

Während des Rosenkranzgebetes sah ich in der Sievernicher Kirche die Gottesmutter im Licht, wie sie als Makellose zu mir herüberschwebte. In der Hand hielt sie ihren Rosenkranz und das Skapulier vom Berge Karmel. Sie lächelte, tröstete mich und sprach:

„Liebt, opfert, betet, aber handelt auch!"

Ihr Skapulier hielt sie an meinen Rosenkranz und ging ebenso zu den anderen Menschen, berührte deren Rosenkränze ebenso mit ihrem Skapulier. Die Heilige Jungfrau wurde vom heiligen Erzengel Michael begleitet, der einige Zeit vor ihr in der Kirche erschien. Er trug ein weißes Gewand und ein Schwert, welches er vor sich kurz über dem Boden hielt.

Sievernich, 27. Oktober 2003

Erscheinung

Am Ende des Rosenkranzgebetes erschien mir in der Sievernicher Kirche die Gottesmutter als Makellose. Zuerst sah ich das wunderschöne ovale Licht und dann die Mutter Gottes. Sie schwebte in der Luft, links von mir aus gesehen neben dem Altar. Dann schwebte sie zu mir. Sie trug in ihren Händen den Rosenkranz und das Skapulier vom Berge Karmel. Sie sagte:

„Betet, betet, betet!"

Sie segnete alle Anwesenden.

(Es erfolgte eine persönliche Mitteilung.)

Dann empfahl ich ihr noch zwei Kranke, alle Anwe-

senden und meine Familie. Sie betete mit mir kurz und verschwand.

Sievernich, 3. November 2003

Erscheinung

Die Mutter Gottes erschien mir während des Gebetes als Makellose. Auf ihrem Arm trug sie das Jesuskind im Alter von ca. 1½ Jahren. Beide trugen eine goldene Krone. Das Jesus-Kind trug ein weißes Gewand. Es segnete uns.

(Es erfolgte eine persönliche Mitteilung.)

Ich war von Seiner Liebe so entzückt, dass ich plötzlich sah, dass alles, was geschieht, Seinem Plan entspricht. Sein Plan wird also erfüllt, ich war beruhigt. Nun wurde die gesamte Erscheinung in der Mitte der Kirche zu einer Sonne. Dann sah ich die Makellose alleine mit dem Rosenkranz und dem Skapulier vom Berge Karmel. Ich durfte es küssen, dann legte sie es mir und allen Anwesenden auf den Kopf.

Am 22.11.2003 betete ich vor dem Bild der Makellosen. Ich sprach zu ihr: „Liebe Mutter Gottes, ich habe einiges mitgemacht, viel Schweres angenommen. Bitte, bitte, wenn die Zeit noch nicht reif ist, in Sievernich ein Zeichen zu geben, bitte schenke mir doch ... ein kleines Zeichen, das alle sehen können und ungefährlich ist. Denn, wenn du erscheinen würdest, könnten viele dies nicht verkraften." Ich hatte dies kaum ausgesprochen, da veränderte sich das Bild. Die Strahlen im Hintergrund der Gottesmutter drehten sich einmal im Kreis. Sie trat etwas hervor und ich hörte, wie sie das Wort „Zeichen" sprach. Ich betete weiter. Am nächsten Tag, Christkönigsfest, 23. November 2003, um ca. 15.00 Uhr, sah ich draußen an einer bestimmten Stelle auf dem Rasen das Licht der Gottesmutter. Als das Licht verschwunden war, fand ich dort im Rasen einen gut sichtbaren Kreis vor, dessen Durchmesser 2,30 m betrug. Der Rasen war nicht beschädigt. Das Gras im Kreis und drum herum war normal grün, die Kreislinie hingegen, deren Breite ca. 12 cm betrug, war satt dunkelgrün. Dieser Kreis wurde auf mehreren Fotos festgehalten. An dieser Stelle wurde der Rasen im März 2004 zweimal gemäht, was den Kreis jedoch nicht zerstörte. Am selben Ort erschien die Gottesmutter am Fest Mariä Verkündigung, am 25. März 2004, nach der heiligen Messe. Seitdem ist der Kreis wieder verschwunden.

Sievernich, 1. Dezember 2003

Erscheinung

Maria, die Makellose, erschien mit dem Jesuskind auf ihrem linken Arm und trug in ihrer rechten Hand das Skapulier vom Berge Karmel und einen weißen Rosenkranz. Sie sprach:

„Alles geschieht so, wie mein göttlicher Sohn Jesus es wünscht. Sei beruhigt. Ich empfehle euch mein

Kleid, das Skapulier vom Berge Karmel. Es ist die innigste Weihe an mein Unbeflecktes Herz."

Die Gottesmutter ging mit dem Jesuskind zu den Menschen und es segnete die Menschen. Plötzlich öffneten sich ihre beiden Herzen und wunderbare Strahlen gingen aus den beiden Herzen zu allen Menschen in der Kirche.

Sievernich, 5. Januar 2004

Erscheinung

Die Gottesmutter erschien als Makellose auf einer Wolke im Licht. Ihr Herz öffnete sich und alle wurden in die Strahlen eingetaucht, die aus ihrem Herzen kamen. Sie wurde von Johannes, dem Evangelisten, begleitet, welcher von ihr links etwas unterhalb stand. Sie sprach:

„Betet, opfert, vergesst nicht, dass die Liebe das höchste Gebot ist. Geht den Weg der Liebe und der Barmherzigkeit, dies ist der Weg meines Sohnes Jesus. Welch eine Freude sind mir die Skapulierträger!"

Sievernich, 2. Februar 2004

Erscheinung

Am 2. Februar 2004 erschien die Gottesmutter als Makellose während des Rosenkranzgebetes in der Sievernicher Kirche. Aus dem hellen ovalen Licht kam sie hervor und segnete alle Menschen. Auf ihrem Gewand und Mantel waren lauter kleine durchsichtige Tropfen. Sie sprach:

„Mein Kind, du siehst die Tränen, die ich für meine Priester weine!"

(Sie weinte mit gesenktem Kopf.)

Weiter sprach sie:

„Ich bitte euch, betet für die Priester, damit sie mit den Tugenden des Himmels bekleidet werden. Mein Sohn Jesus wünscht, dass sie ihm ganz und gar folgen."

Ein Priester in schwarzer Kleidung kniete und betete vor der Mutter Gottes. Die Makellose schwebte in einiger Entfernung vor ihm auf einer Wolke. Es war der ehemalige Priester von Sievernich: Pfarrer Alexander Alef.

Aus dem Herzen der Gottesmutter gingen Strahlen zu den Menschen hinunter.

Pfarrer Alef sprach:

„Ich habe Zeugnis gegeben vor Gott und den Menschen. So wie ich Zeuge wurde, möchte ich alle Priester ermutigen, Zeugen des Himmels zu werden. Ich ermutige euch, alle Priester und Ordensleute, den Glauben zu leben."

Die Gottesmutter lächelte Pfarrer Alef an und dann schenkte sie uns ihr Lächeln.

Pfarrer Alexander Heinrich Alef – „Ein Blutzeuge des 20. Jahrhunderts“

Alexander Alef stammt aus Köln und wurde dort am 2. Februar 1885 geboren. Am 1. August 1909 wurde Alef von Kardinal Antonius Fischer in Köln zum Priester geweiht. Im Oktober 1930 wird Alexander Alef Dorfpfarrer von Sievernich. Die Schwierigkeiten im neuen NS-Regime begannen sehr bald, er wird bei der NSDAP denunziert.

Im September 1943 erhält Alef unter dem Druck der Gestapo ein Tätigkeitsverbot und wird aus dem Bistum Aachen ausgewiesen. Der damalige Chefarzt des Birkesdorfer Krankenhauses, Dr. Schüller, schrieb Alef haftunfähig. Wegen seines körperlichen Zustands fand er Aufnahme in dem Zisterzienserkloster Marienstatt im Westerwald. Pfarrer Alef musste sich dort in regelmäßigen Abständen bei der Polizei melden.

Im Dezember 1943 muss er auch dieses Kloster verlassen und kam ins Cellitinnenkloster Düren Niederau mit der Auflage der regelmäßigen polizeilichen Meldung. Von hier aus wird Alef im Februar 1944 von der Gestapo abgeholt und im Aachener Gefängnis Adalbertsteinweg inhaftiert. Zuvor aber übergab Alef im Kloster Niederau seinen Rosenkranz mit den Reliquien des hl. Hermann Josef von Steinfeld Schwester Johanna – welche aus Sievernich stammte – mit den Worten: „Den sollen sie nicht auch noch haben.“ Der Rosenkranz sollte für die Sievernicher in der Pfarrkirche aufbewahrt werden.

Am 6. September 1944 wird Alef in das NS-Erziehungslager Köln-Deutz am Messehof gebracht. 14 Tage später, noch im September 1944, wird Alef aus Köln kommend im Konzentrationslager Buchenwald (Weimar) eingeliefert.

Am 6. Januar 1945 trifft Alef – vermutlich wegen der nahenden Front von Buchenwald nach Dachau transportiert – im dortigen KZ ein, wo er an Entkräftigung und den Folgen einer Krankheit am 16. Februar 1945 stirbt.

Pfarrer Alexander Alefs Leiche wurde im Krematorium verbrannt.

Auf Anregung von Pfarrer Trimborn beschloss die Gemeindevertretung 1960, die Kirchstraße in Sievernich in Pfarrer-Alef-Straße umzunennen.

Montag, 16. Februar 2004

Am Montag, 16. Februar 2004, während des Rosenkranzgebetes, nahm ich ein leises vorbeiziehendes Zischen mit einem leichten angenehmen Wind an meiner linken Seite wahr. Gerade beteten wir das Gesätz „der uns den Heiligen Geist gesandt hat", als links neben dem Altar ein kleines helles Licht, ein Stern, erschien. Dann stand ein wunderschöner schlanker großer Engel in einem weißen Gewand, mit himmelblauer Schärpe um die Hüfte bekleidet, neben dem Stern. Der Stern befand sich von mir aus gesehen links von dem Engel entfernt, ein klein wenig über seinem Kopf. Die Schärpe hing an seiner linken Seite herab, beide Teile waren mit Gold bestickt und auch die Enden der Schärpe waren Fransen aus gedrehtem Gold (persönliche Anmerkung: Anders kann ich es nicht erklären). Das oberste Tuch der Schärpe zeigte ein in Gold gesticktes Kreuz, darunter ein goldener Kreis von zwölf Sternen, der in seiner Mitte ein goldenes M hatte. Das unterste Tuch der himmelblauen Schärpe zeigte die in Gold gestickte Papstkrone (Tiara). Der Engel trug dunkelblondes, kurzes, nur etwas gelocktes Haar, welches ganz aus seinem Gesicht nach hinten fiel. Sein Gesicht war jung und schmal, die Augen blau. Seine Hände waren zum Gebet gefaltet. Er sprach:

„Der Auftrag unserer Königin ist erfüllt."

Er öffnete seine gefalteten Hände halb zu uns hin und in seinen Händen erschien ein goldenes Kreuz mit dem Corpus von Jesus aus hellem Licht, welches zu uns herüberstrahlte. Etwas später kniete er sich zum Altar hin und betete mit uns weiter den Rosenkranz.

Sievernich, 1. März 2004

Erscheinung

Mir wurde sehr warm und ein ovales Licht erschien links vom Altar (von mir aus gesehen). Die

Gottesmutter kam aus diesem Licht als Makellose hervor, in Weiß gekleidet mit einer goldenen Krone. Sie hielt die Hände zum Gebet gefaltet. In ihren Händen hielt sie einen weißen Rosenkranz, der aus weißen Rosen bestand, und das Skapulier vom Berge Karmel. Sie lächelte, schwebte auf einer Wolke näher zu uns und sprach:

„Liebe Kinder, heiligt euch durch Gebet, Opfer und Buße! Dies ist die Zeit, in der mein geliebter göttlicher Sohn Jesus Seine Barmherzigkeit walten lässt."

(Es erfolgte eine persönliche Mitteilung.)

„Seid barmherzig, so wie mein Sohn demütig und barmherzig von Herzen ist. So wird alles, was sich euch entgegenstellt, wie ein Windhauch vergehen."

Ich durfte der Gottesmutter die Frage stellen, wer der Engel sei, der mir am Montag, 16. Februar 2004, in der Sievernicher Kirche erschienen ist.

Sie antwortete: „Der Engel der Verkündigung."

Sie stellte mir Fragen: „Willst du Jesus treu bleiben? Willst du demütig und einfach bleiben?"

Ich bejahte dies und wiederholte es, so wie sie es wünschte. Ich möchte Jesus treu bleiben, demütig und einfach sein.

Sie beugte sich zu mir und ich durfte ihr Skapulier küssen. Dann schwebte sie über meinem Kopf und von ihr ging ein Blütenblätterregen auf alle herab.

Es waren Rosenblätter, die etwas gebogen waren, welche innen weiß und außen blau waren. Bevor sie uns berührten, lösten sie sich auf.

Sievernich, 3. Mai 2004

Erscheinung

Die Gottesmutter kam aus dem ovalen Licht hervor. Sie war ganz in Weiß gekleidet und erschien als Makellose. Auf ihrem Haupt trug sie einen Rosenkranz, der aus weißen Rosen bestand. Ich sprach: „Ich grüße dich, heilige Jungfrau Maria." Sie lächelte und schwebte näher auf der Wolke zu uns.

Sie sprach:

„Liebe Kinder, heute bin ich zu euch gekommen, um eure Leiden zu lindern. Liebe Kinder, bedenkt, dass das Herz der Kirche der Altar ist. Betet und opfert für meine Priestersöhne. Noch werdet ihr meine Worte, die die Worte meines geliebten Sohnes Jesus Christus sind, nicht verstehen."

Nun öffnete sie ihren langen weißen Mantel ganz weit und wir alle waren darin geborgen. Sie sprach:

„Ich tauche euch in mein Unbeflecktes makelloses Herz."

(Es erfolgte eine persönliche Mitteilung.)

Die Heilige Jungfrau schwebte zuerst zu den Menschen im Chorraum und bekreuzigte jede Stirn.

Dann schwebte sie zu den Menschen in die Kirche hinein und versah jeden Menschen mit einem Kreuzzeichen auf die Stirn. Sie segnete uns alle noch einmal und verschwand.

Schwester Faustina kniete betend vor dem Altar.

Sievernich, 7. Juni 2004, 17.22 Uhr

Erscheinung

Ich sah das helle ovale Licht der Gottesmutter, links von mir aus gesehen, neben dem Altar. Die Muttergottes kam aus diesem Licht als Makellose hervor. Sie war ganz in Weiß gekleidet und hielt in ihren Händen das Skapulier vom Berge Karmel und einen Rosenkranz, der aus weißen Rosen bestand. Sie segnete uns und sprach:

„Liebe Kinder, betet, betet, betet! Eure Bitten nehme ich gerne entgegen und lege sie in das Heiligste Herz meines geliebten Sohnes Jesus Christus.

Alle Nationen rufe ich zu mir!

Bleibt in der Anfechtung meinem Sohne Jesus treu, bleibt Ihm treu, Kinder, euch wird nichts geschehen."

Sie schwebte den Mittelgang der Kirche hinunter zu einem Menschen, blieb vor dieser Person stehen und segnete uns wiederum. Diese Seele wurde frei.

Die Heilige Jungfrau sprach: „Ich bin die Siegerin aller Schlachten!"

Daraufhin schwebte sie weiter zu den Menschen, segnete alle und schwebte zu mir zurück. Alle Bitten, die ich zuvor von den Menschen erhalten hatte, durfte ich ihr übergeben. Auf meine Frage hin, ihr Kleid mit einigen Rosenkränzen berühren zu dürfen, gab sie mir die Erlaubnis, mit diesen Rosenkränzen ihre Füße zu berühren. Mit den Rosenkränzen in meiner rechten Hand berührte ich kurz ihren linken Fuß. Sie segnete uns nochmals und verschwand.

Düren, 5. Juli 2004

Erscheinung

Mir wurde es zuerst sehr warm, dann sah ich das ovale Licht der Gottesmutter, von mir aus gesehen links vom Altar. Sie kam aus diesem Licht als Makellose, ganz in Weiß gekleidet mit einem weißen Rosenkranz, der aus weißen Rosen und einem goldenen Kreuz bestand, hervor. Die Heilige Jungfrau segnete uns alle im Namen des Vaters und des Sohnes und des Heiligen Geistes.

(Es erfolgte eine persönliche Mitteilung.)

Sie sprach zu uns:

„Liebe Kinder, liebt einander, seid demütig und barmherzig! Ich bin zu euch gekommen, um das mir geweihte Bistum zu heiligen. Folgt dem Wunsch meines Sohnes Jesus und meinem Wunsch, dass mein Sohn Jesus oft in dieser Kirche angebetet wird. So darf ich euch die Gnaden meines geliebten Sohnes schenken. Die geistigen Früchte werden über diesen Ort hinausgehen, wenn man meine Bitte erfüllt."

Die Makellose öffnete ihren Mantel, er wurde immer größer und alle Menschen drinnen wie draußen waren in ihm geborgen. Im Mantel der Heiligen Jungfrau Maria wurden alle von einem wunderbaren hellen Licht umgeben.

Gürznich, Fest der Demut Mariens

Samstag, 17. Juli 2004

Dieses Gebet habe ich mit Hilfe der hl. Teresa von Avila aufgeschrieben. Sie betete es mir vor.

Jesus, verborgen im Tabernakel

„Mein Herr und mein Gott, o mein Jesus,
Dir sei allezeit Lobpreis und Dank,
Jesus, im Vater allmächtig,
Du Einer, Ewiger,
für mich im Tabernakel verborgen.
Wie viel Mut braucht es, Herr,
wie viel Demut,
dass Du, Höchster,
für uns Menschen so klein wirst,
Dich in die Hände Deiner Priester hingibst
und so zum Geschenk für uns alle wirst.

Jesus, verborgen im Tabernakel überwindest Du,
was uns fehlt, um Dir nahe zu sein.

In aller Not, in aller Freude möchte ich bei Dir
verweilen und still werden,
damit ich mich Dir schenken kann.
Dein Herz soll in meinem Herzen schlagen,
Deine Liebe will ich spüren
und, was eigen an mir ist,
soll ganz in Dir verbrennen.

Die Glut Deiner Liebe gibt mir die Kraft,
in all den Tagen Deinen Weg zu sehen.
Stelle mir doch Deine heiligste Mutter zu Seite,
Jesus, damit ich die Kraft finde,
Deinen Weg zu gehen,
nicht nach links und rechts blickend,
auf Meinungen horchend.
Jesus, nur Dich will ich sehen.

Mir fehlt alles, was in Dir ist.
Vergib mir, Herr, dass ich so unvollkommen bin.
Zeige mir, was mir fehlt,
sei mir ein barmherziger Lehrer
und führe Du mich aus der Sünde heraus.
Ich bin nichts,
doch mit Dir, in Deiner Liebe geborgen,
vermag ich alles zu tun.

Berühre mich,
zeige mir, was ich für Dich, Jesus, tun kann.
O Jesus, ich lade Dich ein.
Komm, o komm zu mir,
in mein unwürdiges Herz.
Finde darin Deinen Platz

und gib, dass ich Dir ganz und gar dienen kann.
Du kannst mich in Deiner Liebe
und durch Deine Liebe wandeln –
tu es!

Jesus, verborgen im Tabernakel,
Du kostbarer Schatz,
vom Vater an uns Menschen verschenkt,
heilige die, durch deren Hände Du uns geschenkt wirst,
Deine Priester!
Schenke ihnen Mut und Demut,
Dich zu sehen.
Zeige ihnen die gewaltige göttliche Kraft der Wandlung,
die Liebe, die Du ihnen zuteil werden lässt.

Berühre sie und berühre junge Menschen,
den Weg Deiner Nachfolge zu gehen.
Rufe sie, Herr Jesus, verborgen im Tabernakel,
rufe sie für Dich und für uns,
damit wir nicht alleine sind.

Amen.“

Was zeichnet einen Christen aus?

Montag, 2. August 2004

Die heilige Teresa von Avila stellte mir die Frage: „Was zeichnet einen Christen aus?“

Ich überlegte hin und her, aber meine Antworten

schienen mir alle ungenügend zu sein. Nach einiger Zeit der Stille antwortete sie mir fröhlich: „Ein Christ ist barmherzig. Er überlässt die Gerechtigkeit dem himmlischen Vater."

Wo ist Gott zu finden?

Freitag, 20. August 2004

Ich hörte die Stimme der heiligen Teresa von Avila. Sie stellte mir folgende Aufgabe:

„Suche Gott und sage mir, wo du Ihn findest!"

Ich antwortete: „Ich finde Ihn in der Eucharistie, im Tabernakel, in den Sakramenten, die die Kirche spendet, und in den Priestern finde ich Ihn."

Nach einiger Zeit der Stille antwortete sie mir: „Mein Kind, Gott begegnet dir täglich mehrmals in deinem Nächsten. Der himmlische Vater schuf den Menschen nach Seinem Ebenbild. Deshalb ist es wichtig, dass du dich im täglichen Leben heiligst. Das ist der Wille unseres Herrn."

Das Vaterunser

Montag, 23. August 2004

Ich hörte die Stimme Teresas (von Avila): „Geduld ist die Wiege der Heiligen!"

Später nach dem Rosenkranzgebet in der Sieverni-

cher Kirche kniete die heilige Teresa von Avila vor dem Tabernakel. Sie sprach zu mir: „Mein Kind, bete mit mir!“ *Sie begann das Vaterunser:* „Vater unser im Himmel ...“

Ich betete das Vaterunser alleine weiter und fügte den Zusatz „denn dein ist das Reich und die Kraft und die Herrlichkeit“ von mir aus hinzu, weil ich das Vaterunser so aus der heiligen Messe kenne. Die hl. Teresa gab mir zu den einzelnen Sätzen des Vaterunsers die folgenden Belehrungen.

(Ich konnte leider im Augenblick nichts Schriftliches festhalten, da ich weder Papier noch Stift bei mir hatte. Erst zu Hause konnte ich alles aufschreiben und hoffe, nichts ausgelassen bzw. verändert zu haben.)

Vater unser im Himmel ...
„Bedenke, dass du einen Vater im Himmel hast, der allmächtig ist und für dich sorgt. Er, der alles ist, sorgt für dich, denn du bist Sein Kind. Ruf den Vater und sprich mit dem Ewigen. Gott, unser Vater, liebt dich, du bist Sein Geschöpf. Die ganze Schöpfung liegt in Seiner Hand.“

geheiligt werde dein Name ...
„Lobe, preise, heilige den Namen unseres Vaters im Himmel. Seine Augen werden auf dir ruhen, und der Heilige Geist wird dich stärken und leiten. Gott hat dich auf Sich hin geschaffen, damit du in Ihm die Erfüllung findest. Spricht das Kind in Liebe und Ehrfurcht mit seinem Vater, umso mehr wird es von Seiner Liebe beschenkt.“

Dein Reich komme ...
„Sehne dich nach dem Reich des himmlischen Vaters. Miss dem Vergänglichen den Platz der Notwendigkeit zu. Dem Reich des Vaters jedoch öffne ganz dein Herz und achte das ewige Königreich.“

Dein Wille geschehe ...
„Nicht mein Wille, Vater, Dein Wille geschehe! Vater, in Deine Hände lege ich mich hinein. In ihnen bin ich geborgen, wenn ich mich Dir ganz schenke. Was Du willst, ist die Liebe allein, und nur wenn ich mich Dir hingebe und ganz lasse, kannst Du Deinen Willen an mir vollziehen. So kann ich Dir dienen. Mein Wille ist schwach, und ich bin elend. Bin ich denn ohne Dich nicht ganz und gar in der Sünde gefangen? Deshalb sage ich froh: Nicht mein, Dein Wille geschehe!“

wie im Himmel so auf Erden ...
„Himmel und Erde? Sind es denn nicht zwei verschiedene Welten, das Ewige und das Vergängliche? Bedenke: Gott, unser Vater, regiert im Himmel wie auf der Erde. Alles ist aus Ihm hervorgegangen, alles ist in Ihm, alles wird zu Ihm zurückkehren. Suche Ihn mit deinem Herzen. In deinem Herzen werden sich Himmel und Erde berühren.“

unser tägliches Brot gib uns heute ...
„Der Vater sorgt für Seine Kinder. Bete und arbeite, dabei vergiss deinen Nächsten nicht!“

und vergib uns unsere Schuld ...
„Gott, unser Vater, ist barmherzig, wenn wir Ihn voll Reue um Vergebung bitten. Die Vergebung ist

unsere Befreiung, unser Heil. Suche oft danach, und du wirst das Gericht nicht auf dich ziehen."

wie auch wir vergeben unseren Schuldigern ...
„Wie der Vater dir Barmherzigkeit erweist, so versage sie auch deinem Nächsten nicht. Binde ihn nicht durch die Schuld an dich. Vergib, befreie dich und ihn. Durch die gelebte Liebe legst du dich und deinen Schuldner in die Hand Gottes."

und führe uns nicht in Versuchung ...
„Gott, die Liebe, versucht nicht. Gott, unser Vater, lässt Prüfungen zu. In dieser Zulassung sollst du reifen und erkennen, wie groß Er ist und wie gering du bist. Diese Läuterungen dienen dir zum Heil. Nimm sie geduldig an!"

sondern erlöse uns von dem Bösen ...
„Meide das Böse und lass dich nicht auf die Finsternis ein. Hast du Böses getan, so suche die Vergebung in Gott. So wirst du erlöst von dem Bösen."

denn Dein ist das Reich ...
„Es gibt nur ein königliches ewiges Reich, das des himmlischen Vaters."

und die Kraft ...
„Was vermag ich aus Gottes Kraft zu tun? Alles. Der Vater, der Sohn und der Heilige Geist sind meine Stärke."

und die Herrlichkeit ...
„Gott, wer kann Deine Herrlichkeit ermessen, wer von uns kann sie ertragen? Es gibt niemanden, der

sie gerecht in Wort und Bild fassen könnte."

in Ewigkeit. Amen.
„Ewig bist du allein, mein Herr und Gott!"

Sievernich, 6. September 2004,
ca. 17.25 Uhr bis ca. 17.36 Uhr

Erscheinung

Die Gottesmutter kam als Makellose aus einem hellen ovalen Licht (links von mir aus gesehen neben dem Altar) hervor. Sie war ganz in Weiß gekleidet und trug eine goldene Krone auf ihrem Haupt. In ihren Händen hielt sie einen Rosenkranz, der aus roten Rosen bestand. Sie stand mit ihren nackten Füßen auf der Erdkugel. Sie schwebte näher zu mir, dann sprach sie:

„Liebe Kinder: Betet, betet, betet! Betet und tut Gutes! Denn was nutzt das Wort, wenn das Werk nichts taugt. Betet für eure Familien und besonders für jene, die ihr böse nennt. Umso mehr brauchen sie euer Gebet! Bedenkt, dass vieles geschehen muss und euer Gebet wichtig ist. Heute bin ich gekommen, um die Gnaden meines Sohnes Jesus zu verteilen."

Die Heilige Jungfrau öffnet ihr Herz und aus ihrem Herzen kommen Strahlen auf uns herunter.

Sie sprach:

„Jemand von euch ist noch nicht auf den Namen meines geliebten Sohnes Jesus getauft. Zu dir spreche ich, öffne meinem Sohn die Tür.

Ich komme zu euch, um euch den Frieden meines geliebten Sohnes Jesus zu schenken. Ich wünsche von euch, dass ihr an euren Nächsten diesen Frieden verschenkt."

Über den Umgang mit dem Kreuz

Samstag, 11. September 2004

Ich spürte im Herzen ein wunderbares Gefühl, so, als ob mein Herz ganz weit würde. Dann sah ich für einen Moment die heilige Teresa von Avila etwas von mir entfernt. Sie stand betend auf einem Feld voller weißer Rosen. Sie segnete mich und sprach:

„Sage allen Menschen, die leidend sind, sie mögen ihr Kreuz doch in der Liebe zum Herrn, des Allerhöchsten, auf sich nehmen. Opfern sie es Ihm auf, dann wird es ihnen zur Gnade werden. Die Liebe des Herrn alleine wandelt das Kreuz, das Leid in Freude. Die vom Herrn Geliebten tragen ein Kreuz, sage ihnen aber, dass sie es nicht alleine tragen, sie tragen es mit Ihm und Er mit ihnen, soweit sie ihr Herz für Ihn, die Liebe, öffnen. Er, die Liebe selbst, wandelt das Kreuz. Er vermag dies zu tun. Wie? Nun, dies ist in Ihm selbst von Anfang an, so wie es im Vater war und ist und sein wird in Ewigkeit. Den Vielgeliebten legt der Herr das Kreuz auf die Schultern, so wie Er es selbst, der Höchste, trug. Bedenkt dabei, dass euer Kreuz leicht ist und euch zur Wonne für die Ewigkeit werden kann, wenn es von euch in Liebe zum Herrn getragen wird. Wer von euch ist bereit, sein Kreuz auf sich zu nehmen?“

Ich war sprachlos, denn freiwillig, so dachte ich, wäre wohl kein Mensch dazu bereit, den ich kenne, und dies sagte ich ihr auch so.

Sie antwortete nach einigen Minuten der Stille:

„Mein Kind, derjenige, der den Vater, den Sohn und den Heiligen Geist liebt, der ist bereit, sein Kreuz auf sich zu nehmen.

Seid ihr beladen und voller Leid, so schaut auf den Gekreuzigten und bedenkt, wie sehr euch der Herr liebt. Nehmt euch die Zeit, denn nur so könnt ihr mit Jesus euer Kreuz tragen. Das Geheimnis liegt also darin, sich ganz dem Herrn zu schenken, Ihm zu vertrauen und Ihn wirken zu lassen. Liebe und Kreuz gehören zusammen. Das Kreuz ist die Wonne für die Ewigkeit!“

Über die Selbstgerechtigkeit

Freitag, 17. September 2004

Ich höre die Stimme der hl. Teresa von Avila. Sie grüßt mich und spricht:

„Die Selbstgerechtigkeit ist ein großer Fallstrick des Widersachers. Fürchte nichts mehr als das Eigene und den Gedanken, ein guter Christ zu sein. Wenn du meinst, du wärest gut, dann sei gewiss, dass du es nicht bist. Gott hat keine Freude an dir, wenn er dich so sieht. Betrachte dich nicht mit deinen Augen, schaue dich mit den Augen des Herrn an. Seine Augen schauen auf dich barmherzig und heilbringend. So wie Er dich in Seiner Liebe und Barmherzigkeit sieht, du würdest staunen, was dir alles mangelt! Gut ist nur der Mensch, der sich für gering achtet, denn er sieht sich mit den Augen des Herrn. Darum sei wachsam, gefalle dem Herrn und schaue dich mit Seinen Augen an.

Wie dir dies gelingen kann, meine Freundin, werde ich dir sagen: Bete und bitte Gott darum, mit Seinen Augen schauen zu dürfen. Diese Bitte sollte ganz aus deinem Herzen kommen. Habe keine Furcht, mit den Augen des Herrn zu sehen. So erkennst du dich und bist mit deinem Nächsten und seinen Fehlern barmherziger. Somit lernst du, welch großer Mangel an Liebe die Selbstgerechtigkeit in sich birgt und wie sehr der Widersacher sich über diese freut. Ist es uns nicht ein Anliegen, dem Herrn, unserem Heiland, zu gefallen? Nun beginne deinen Weg zu gehen, täglich aufs Neue, und beginne jeden Tag damit, den Herrn zu lieben, ihm Dank und Lob entgegenzubringen."

Vom rechten Umgang mit dem Sünder ...

23. September 2004

Ich hörte die Stimme der Teresa von Avila. Sie grüßte mich und sagte mir, dass sie mir etwas vom rechten Umgang mit dem Sünder sagen möchte.

„Siehe, meine Freundin, Gott lässt den Sünder nicht in seiner Sünde als Gefangenen. Ist es der freie Wille des Sünders zu Gott, dem Herrn, zu finden und Ihn zu suchen, wird er sich, wenngleich auch voller Schulden, auf den Weg begeben. Der steinige und steile Weg führt ihn in Seine Seele, die einer Burg gleich beschaffen ist.

Verlange nicht, was Gott nicht verlangt. Der Herr ist barmherzig, gütig, geduldig. Zimmer für Zimmer erkundet der Beladene und wird sich seiner Erkenntnis gemäß im Herrn wiederfinden. Viele Menschen betreten ein Zimmer, erkennen und finden leicht den Weg in das weitere Zimmer, bis sie die Burg ganz erkundet haben. Wiederum viele Menschen, die beladen sind, erkunden ein Zimmer und bleiben hierin, bis ihre Erkenntnis sie nach langer Zeit weiterführt. Andere finden Eintritt in das erste der Zimmer, betreten ein weiteres, gehen jedoch wieder in das vorige Zimmer zurück und finden dort, was sie beim ersten Besuch nicht vorgefunden haben, gleich ihrer Erkenntnis.

Die Erkenntnis, von der ich spreche, ist stets das Erkennen im Ewigen, des Allmächtigen, das Sichwiederfinden im Herrn, sowie es Gottes Wille ist, dass Er sich in uns wiederfindet. Du wirst den Beladenen nicht durch Zwang, Drohung oder Stürme auf den Weg zu Ihm bringen. Alleine wenn du in Ihm lebst und Er in dir und du diese Liebe lebst, wirst du den Beladenen auf den Weg der allmächtigen Liebe führen können. Er, der Herr, liebt den Sünder, die Sünde jedoch verachtet Er.

Wirf nicht mit Steinen auf den Beladenen, der schon schwer genug trägt. Öffne ihm den Weg zum Allerhöchsten. Lege dem Beladenen den leichten Mantel der Wahrheit und Liebe sacht auf seine Schultern. Dieser Mantel wird auf seinem Weg zu Gott hin sein Gewand. Bedenke dies, meine Freundin."

29. September 2004

Ich hörte die Stimme der heiligen Teresa von Avila:

„Schaue, dass du deinem Nächsten auf Erden nicht zum Kreuz wirst. Hilf ihm, sein Kreuz zu tragen!"

Festtag der heiligen Teresa von Avila

15. Oktober 2004

Ich hörte die Stimme Teresas:

„Begib dich auf den Weg und suche Gott, den Herrn, Seine Majestät. Bestaune Seine großen Wunder, preise Ihn für Seine Gnaden, denn Er beschenkt die Menschen so reich, dass Er sich täglich im heiligen Messopfer selbst hingibt. Finde Ihn in dir, denn Er will in dir wohnen, dich zu Seinem lebendigen Tabernakel wandeln. Du darfst Sein lebendiger Tempel sein.

So, wie Er dich wandeln will, sehe auch deinen

Nächsten. Dein Nächster soll durch dich, Seinen Tabernakel, zum Herrn finden. Das Licht des Herrn möge in dir leuchten, auf dass dein Nächster es erkenne und ebenso für den Herrn entflammt werde. Der Herr wünscht, dass du Ihn in dir beherbergst; Ihn in deinem Nächsten findest und in Seiner ganzen Schöpfung siehst. Stelle dabei die Schöpfung, den Nächsten und dich nicht über Ihn, denn Er ist der Herr und alles kommt aus Ihm im Vater."

20. Oktober 2004

Ich hörte die Stimme der heiligen Teresa von Avila am Abend. Sie stellte mir die Frage:

„Meine Freundin, unsere Königin, die Gnadenmittlerin, erschien dir doch so viele Male. Nun stelle ich dir in ihrem Namen die Frage, was sie in dir bewirkte?"

Ich antwortete: Heilige Teresa, ich kann nicht so gut antworten wie du, doch will ich es, so gut ich kann, versuchen: Die Erscheinungen der Gottesmutter Maria, der Makellosen, lösten in mir eine große Liebe zu ihrem Sohn Jesus aus. Nicht nur das ... ich erkannte, wie Jesus in Seiner Kirche lebt, und die Liebe zu Jesus ist gleichzeitig die Liebe zu Seiner Kirche.

Die Gottesmutter zeigte mir, wie Jesus Seine Kirche durch die Sakramente beschenkt, denn Er ist selbst in den Sakramenten. Die Makellose sprach zu mir, dass die Priester von ihrem Sohn Jesus und ihr geliebt werden, trotz der vielen Skandale. Der Priester ist der Nachfolger Jesu.

Die Erscheinungen der Gottesmutter bewirkten Folgendes bei mir: die Liebe zu Jesus und Seiner Kirche und den damit verbundenen Gehorsam Seiner Kirche gegenüber.

Teresa antwortete mir: „Das ist es, was der Herr von dir wünscht."

Darauf sagte ich: Liebe Teresa, du hast mir den Spiegel vor meine Seele gehalten und mich belehrt. Danke dir! Ich bemühe mich nun, meinen Nächsten mit den Augen des Herrn zu sehen.

Teresa sprach darauf zu mir: „Darum bin ich bei dir, weil es der Herr wünscht und es notwendig ist. Bemühe dich nur, meine Freundin!"

Donnerstag, 21. Oktober 2004

Teresa betete mit mir und schenkte mir folgende Belehrung:

„Der ruhelos Suchende spricht: Herr, ich wollte Dich finden und bestaunen in Deinen großen Wundern und eilte von Ort zu Ort auf der Erde, dort, wo Du gelebt, dort, wo Du und Deine himmlische Mutter Zeichen gegeben hattet. Ich bestaunte alles und war gerührt bis in meine Seele. Verließ ich diese Orte, war ich unruhig, denn es war, als ob Du mir nicht mehr nahe wärest. Ich rief zu Dir, Herr, in meiner Not, wollte ich Dir doch nahe sein. Ich eilte nun doch schon viele Male von Ort zu Ort und war dennoch ruhelos und fand Dich nicht bei mir.

Als ich vor dem Tabernakel betete, Herr, kamst Du zu mir, Du barmherziger Lehrer. In Deiner Hand trugst Du einen goldenen Schlüssel. Du sprachst zu mir:

„Ich will dich für mich öffnen"... und so öffnetest Du mich für Dich. Von Deiner Liebe berührt, Herr, spürte ich Dich in mir. Nun sprachst Du zu mir: „Ich will dir Meinen Schlüssel in deine Hand geben. So, wie Ich dich für Mich geöffnet habe und du zu Meinem lebendigen Tabernakel geworden bist, so öffne auch deinen Nächsten mit diesem Schlüssel für Mich. Denn, wenn du mit Meinen Augen siehst, wirst du erkennen, dass Ich auch in deinem Nächsten wohnen will, weil Ich ihn bedingungslos liebe."

Sievernich, 4. Oktober 2004, 17.21–17.32 Uhr

Erscheinung

Die Gottesmutter erschien als Makellose, ganz in Weiß gekleidet. In ihren Händen trug sie einen Rosenkranz, welcher aus weißen Rosen bestand. Die Heilige Jungfrau stand auf einer Wolke. Links vor ihr kniete die heilige Teresa von Avila. Die Makellose sprach zu uns:

„Liebe Kinder, geht in die Stille. Mein göttlicher Sohn Jesus wünscht, dass ihr Hörende werdet, dass ihr auf Sein Wort hört. Wie sehr liebt Er euch und so ist Sein sehnlichster Wunsch, dass ihr Seiner Kirche gehorsam seid.

Teresa ist eine Perle aus Seiner Hand. Was sie euch schenkt, stammt allein aus Seiner Hand. Seid gehorsam, so werdet auch ihr Perlen aus Seiner Hand. Geht in die Stille! Ich will euch unter meinen schützenden Mantel nehmen.“

Sie schwebte hoch in die Luft, kam näher zu mir und breitete ihren Mantel über uns aus, der bis zu den Kirchenmauern reichte. Wir alle wurden darin geborgen.

Sievernich, 11. Oktober 2004

Erscheinung

Nach dem Rosenkranzgebet in der Sievernicher Kirche betete ich in der Stille vor dem Tabernakel. Plötzlich sah ich den Tabernakel, als ob in ihm eine große Sonne strahlen würde. Aus dem Tabernakel heraus kam das göttliche Antlitz unseres Herrn Jesus Christus, ähnlich dem Turiner Grabtuch.

Das Antlitz unseres Herrn war lebendig auf dem Tabernakel zu sehen und schaute uns alle an. Um Sein Antlitz war eine goldene Sonne. Die Größe Seines Antlitzes entsprach dem inneren Tabernakelrechteck. Er sprach:

„Ich bin der Herr, dein Gott. Alles will Ich dir nehmen, was dich hindert, zu Mir zu kommen. Ich will, dass du mit leeren Händen vor Mir stehst, denn Ich will sie mit Meiner Liebe füllen. Verschenke Meine Liebe, verschenke sie leidenschaftlich und verschwenderisch."

Das göttliche Antlitz wurde zur Hostie, die langsam wieder im Tabernakel verschwand.

Einige Personen bemerkten mit mir noch eine starke Hitze.

Sievernich, 8. November 2004

Erscheinung

Links von mir hörte ich ein feines leises Geräusch zwischen Zischen und Summen. Ein kleiner achteckiger Stern aus hellem Licht flog an mir vorbei, an die von mir aus gesehen linke Altarseite, und blieb hoch in der Luft stehen. Unter dem Stern erschien ein helles weißes Licht. In diesem Licht erkannte ich den heiligen Erzengel Gabriel. Er war mit einem weißen Gewand bekleidet und trug eine blaue goldbestickte Schärpe als Gürtel. Auf der Schärpe waren in goldener Farbe das Papstwappen und das M als Fuß eines Kreuzes, umgeben von zwölf Sternen, zu sehen. Er sprach:

„Unsere Himmelskönigin wird für euch bitten!"

Anbetung am 8. November 2004 in Sievernich

Während der Anbetung des Allerheiligsten Sakrament des Altares betete ich versunken, als plötzlich verschiedene Leute aus den Kirchenbänken riefen: „Die heilige Hostie ... das Jesuskind ...!" Aufmerksam gemacht worden von den Leuten, sah ich nun vor der heiligen Hostie das kleine Jesuskind, ganz in weißem Licht gehüllt mit einigen schwarzen Haaren.

Seine rechte Hand erhob es zum Segen.

Als der Priester, Herr Dr. Bündgens, die Hostie in der Monstranz etwas zurechtrückte, bewegte sich die Hostie, das Jesuskind in seiner Position blieb jedoch unverändert. Das Jesuskind war für viele Menschen mindestens 15 Minuten sichtbar. Mit der Wegnahme der Hostie aus der Monstranz durch den Priester verschwand auch das Jesuskind. Später erkannte ich anhand von Bildern, dass es sich um das Prager Jesuskind handelte, welches am 15. Oktober 2001 bereits in Sievernich erschienen war.

Sievernich, 6. Dezember 2004

Erscheinung

Die Makellose erschien ganz in Weiß gekleidet mit goldener Krone und einem weißen Rosenkranz in ihrer rechten Hand. Auf ihrem linken Arm trug sie das Jesuskind. Jesus erschien als Kind im Alter von ca. eineinhalb Jahren und trug ein schlichtes, strahlendes, weißes Gewand und eine goldene Königskrone auf dem Kopf. Die Mutter Gottes stand mit dem Jesuskind in ihrem Arm auf der Erdkugel. In Seiner rechten Hand hielt der kleine Jesus ein großes goldenes Zepter, in Seiner linken Hand das braune Skapulier vom Berge Karmel. Aus dem Herzen des göttlichen Kindes gingen goldene Strahlen auf uns hinab. Beide erschienen links vom Altar gesehen, jedoch etwas mehr in der Nähe des Altares, und schwebten auf uns zu.

Jesus sprach:

„Meinen Segen und Meinen Frieden schenke ich euch!"

Seine Stimme klang etwas kindlich, liebevoll klar und weise zugleich.

Er sah mich an und fragte: „Was begehrst du von Mir?"

Ich antwortete: „Jesus, Du fragst, was ich begehre? Ich habe für das Geistliche Zentrum in Sievernich gebetet, welches Dein Wunsch und der Deiner Mutter ist. Ich weiß aber nicht, wo es sein soll, und eigentlich bin ich sehr ratlos in diesem Anliegen. Ich bitte Dich, Jesus, hilf mir mit Deiner Heiligsten Mutter!"

Jesus antwortete: „Lege alles in die Hand deines Seelenführers!"

Anschließend habe ich dem Herrn und Seiner Mutter alle Anwesenden, Kranken und Notleidenden empfohlen. Die Rosenkränze und Anliegen durfte ich dem Jesuskind reichen, dabei kam ein goldenes Licht aus Seinem Herzen auf die Briefe, Rosenkränze und auf uns herab.

Die Gottesmutter sprach: „Liebe Kinder, dies ist mein geliebter Sohn! Werdet auch ihr ein Kind aus Seiner Hand. Seht, wenn ich auf mein Land schaue, sehe ich, wie viele Tränen meine Kinder weinen. Kommt zu meinem Sohn Jesus! Er wandelt eure Tränen. Er wandelt sie in Seiner Liebe. Achtet auch ihr auf meine Kleinen, auf jedes einzelne Kind. Jedes Kind ist ein Geschenk des himmlischen Vaters. Versteht dies und handelt danach. Achtet meine Kleinen. In jedem Kind begegnet euch mein göttlicher Sohn Jesus."

Nun betete die Gottesmutter vor: „Ehre sei dem Vater und dem Sohn und dem Heiligen Geist ..."

Ich antwortete: „... wie im Anfang, so auch jetzt und alle Zeit und in Ewigkeit. Amen."

8. Dezember 2004

Ich hörte die Stimme der heiligen Teresa von Avila. Sie betete mit mir und sprach:

„O Jesus,
göttliches Kind und erhabene Majestät zugleich,
wer von den Menschen kann Dich erfassen,
wer kann Deine Liebe zu uns Armseligen
begreifen?

Die Klugen nennen Deine Liebe töricht,
doch Du schaust auf sie und liebst nur.
Die Kleinen nehmen Deine Liebe dankbar an.
Die Augen der Welt stören sie nicht,
wenn Du nur bei ihnen bist und sie liebst.

Zeige Dich uns, Herr Jesus,
Du Sohn Gottes!
Vergiss uns nicht, erbarme Dich unser!

Deine Liebe ist töricht für die Klugen,
weil Du Dich durch Deine Priester ganz hingibst.
Wer hat Deine Liebe verdient, Herr,
wer kann dieses von sich sagen?

O göttliches Kind,
in aller Lieblichkeit kommst Du zu uns.
Du beschenkst uns,
die Klugen, wie die Kleinen.
Für uns wirst Du klein,
damit wir Dich fassen können.

Dein Zepter ist die Liebe,
die Barmherzigkeit ist die Welt in Deiner Hand,
Dein erhabenes Kleid ist die Treue
und Deine Königskrone, o himmlisches Kind,
ist die Allmacht des Vaters,
der Eine, der Drei in sich birgt.

Dein Gruß ist der Friede,
Deine kindlichen Worte unser Segen.

O göttliches Kind,
wer Dich sieht,

wird erkennen, dass Du es bist, o Jesus,
der die Kirche regiert und durch alle Zeiten führt.

Denn was töricht ist, ist seiner Majestät recht,
damit die Kleinen reich beschenkt
und die Mächtigen regiert werden.

O himmlischer Kaiser, schaue auf uns!
O göttliches Kind, regiere uns!"

Heiligabend, 24. Dezember 2004

Ich höre die Stimme der heiligen Teresa von Avila:

„Koste den Segen der Heiligen Nacht. Verzehre dich ganz in der Liebe des Herrn. Unfassbar, welche Gnade uns zuteil wurde und immer aufs Neue zuteil wird. Seine erhabene Majestät verließ den göttlichen Thron und wählte aus Liebe zu uns die Armut und Kleinheit, weit entfernt von aller Erhabenheit. Warum hat Er uns so getan?

Weil Er uns liebt, jeden Menschen ... und so wollte Er uns nahe sein, Seine göttliche Majestät, geboren als Mensch, ein Zeugnis Seiner unendlichen Liebe. Schaue auf das Kind in der Krippe, begreifst du, was auch Es dir sagen möchte?"

‚Liebe so, wie auch Ich geliebt habe und immer liebe. Sieh Mich an, schließe Mich in deine Arme. So will Ich Zugang zu deinem Herzen finden; schenke Mir deine Liebe. Dein Glaube soll ein Abbild Meiner lebendigen Liebe sein. Ich will nicht, dass

Bild 1: Pfarrkirche in Sievernich – Ort der Erscheinungen
Bild 2: Statue der Muttergottes von Sievernich
Bild 3: Manuela Strack
Bild 4: Bild des Erzengel Gabriel nach Manuela Strack
Bild 5: Prager Jesulein
Bild 6: Manuela Strack und Kardinal Ratzinger (Begegung im Februar 2004, Campo Santo Teutonico in Rom
Bild 7: Rasenkreis vom November 2003
Bild 6/7: Gebetsweg Gürzenich nach Sievernich
Bild 8: Pfarrer Dr. Johannes Bündgens

du Mich anschaust, in Mich verliebt bist und Mich rufst: Herr, Herr! Ich will von dir ganz und gar geliebt werden. Liebe Mich! Deine Liebe sei lebendig und leidenschaftlich. Deine Worte und Taten mögen ein einziger Ausdruck Meiner Liebe sein. Dein Glaube möge Meine gelebte Liebe sein. Im Leiden brennt Meine Liebe wie Feuer. Verzehre dich für Mich, Ich will eins sein mit dir!'

„So sprach das erhabene göttliche Kind Jesu zu mir in der Heiligen Nacht, so spricht Es zu dir und zu jedem Menschen. So ruft der göttliche König in ganz besonderer Weise Seine Priester und alle Geweihten, lebendige Zeugen Seiner Liebe zu sein. Meine Freundin, wenn Er dich Kleine nun schon in so verzehrender Weise ruft, wie mag Er dann wohl zu Seinen Priestern sprechen?"

Anschließend betete sie mit mir folgendes Gebet:

„**H**eiliger Geist, erhabene göttliche Kraft,
öffne die Tore meines Herzens für meinen Herrn.

Heiliger Geist, Du lebendige Kraft Gottes,
komme zu mir und belebe mich.

Heiliger Geist, liebende Weisheit,
leite mich auf dem Weg zum Herrn.

Heiliger Geist, verzehrende Liebe Gottes,
schenke mir ein Herz, das mehr gibt, als es nimmt.

Heiliger Geist, göttliche Treue,
bleibe bei mir, dass ich meinem Herrn Jesus folgen kann."

Sievernich, 3. Januar 2005, ca. 17.20 Uhr

Erscheinung

Ich spürte eine große Hitze, dann sah ich das große ovale Licht der Makellosen links neben dem Altar. Aus dem Licht kam die Gottesmutter als Makellose zu uns; ganz in Weiß gekleidet. Auf ihrem Kopf trug sie eine goldene Krone, in ihren Händen das Skapulier vom Berge Karmel und einen weißen Rosenkranz, der aus weißen Rosen bestand. Die Muttergottes stand mit ihren Füßen auf der Erdkugel. Sie neigte ihren Kopf seitlich herab und weinte leise.

Ich sprach zu ihr: „Ich grüße dich, Heilige Jungfrau Maria!"

Nun sah sie uns alle an und sprach:

„Liebe Kinder, betet, betet, betet! Betet und sühnt, auf dass mein geliebter göttlicher Sohn nicht mehr so oft von den Menschen beleidigt wird. Wie oft wird Seine Liebe von den Menschen zurückgewiesen. Euch habe ich gerufen, damit euch Seine Gnade zuteil wird."

Nun durfte ich mein Anliegen vortragen. Oft wurde ich eingeladen, in verschiedenen Orten bzw. Ländern Vorträge über die Erscheinung der Gottesmutter in Sievernich zu halten. Ich sagte dies der Makellosen und fragte sie, ob dies denn mein Auftrag sei. Sie antwortete mir:

„Tue das, was ich dir sage, was mein göttlicher Sohn von dir wünscht. Was ist hier geschehen?"

Ich sagte ihr, dass sie mir mit ihrem Sohn Jesus hier in der Sievernicher Kirche erschienen ist.

Dann sprach sie:

„Du brauchst nicht für meinen Sohn und mich zu reisen. Was in dieser Kirche geschieht, das ist es, was mein geliebter Sohn wünscht. Er gewährt euch Seine Gnade. Diese wird für sich sprechen. Dein Auftrag ist das Geistliche Zentrum. Hilf den Menschen, den Glauben zu leben. Schaue auf meinen Sohn Jesus."

Ich durfte der Makellosen mein zweites Anliegen vortragen. Ein Mann sorgte sich um die Gültigkeit eines Gesätzes des lichtreichen Rosenkranzes. Die Bischöfe kürzten das Gesätz, welches vom Papst vorgeschlagen worden war. Nun wusste er nicht, wie er es beten solle. Die Gottesmutter antwortete mir:

„Sage ihm, er möge im Gehorsam der Kirche bleiben. Er möge es in der Gemeinschaft so beten, im Gehorsam der Bischöfe."

Die Makellose beugte sich über uns mit dem Skapulier vom Berge Karmel, segnete uns und die Rosenkränze. Einige Kranke wurden von ihr einzeln gesegnet. Ich durfte ihren linken Fuß berühren.

6. Januar 2005

Hochfest der Erscheinung des Herrn

Ich hörte die Stimme der heiligen Teresa von Avila:

„Jesus, das göttliche Kind in Seiner Lieblichkeit und erhabene Majestät, vor den Augen vieler Menschen verborgen, ruft alle Völker zu Sich. Jedem Volk will Er Sich schenken.

Betet Ihn an, ihr Völker, betet Ihn an, den König der Könige. Die Magier* schenkten Ihm Gold, Weihrauch und Myrrhe. Ihr aber, schenkt Ihm euer Herz und betet Ihn an!"

**Magier = Sterndeuter*

Die heilige Teresa von Avila betete mir vor:

„Mein Herr Jesus,
auf die verlorene Menschheit schauend,
wurdest Du selbst Mensch,
doch bliebst Du göttliche Majestät zugleich.

Erhabener Retter,
so wie die Magier Dich gefunden und angebetet haben, will auch ich Dich anbeten.
Verborgene Gottheit,
Herr Jesus,
ich bete Dich mit meinem ganzen Herzen an.
Ich vertraue Dir, o Herr, mein ganzes Sein an.

Mein ganzes Leben schenke ich Dir, König der Könige.

Bittend nahe ich Dir,
in der Hoffnung,
Du wollest mein Geschenk gnädig annehmen.

Wenn Du nur in mir regierst,
so wird mein ganzes Tun zu Deiner Ehre sein.

Ich habe nichts anderes, was ich Dir schenken kann.
Ich bitte Dich, wandle meine Armut in Dir.

Wenn ich auf Dich schaue, Herr,
wenn ich anbete, dann werde ich reich.

Ich will mich nicht mit weltlichen Kostbarkeiten schmücken,
meine Seele will durch Deine Liebe und
Freundschaft geschmückt sein.

Ich bete Dich an,
Du wirst mir das Gold Deines ewigen Königreiches schenken.

Ich bete Dich an,
Du wirst mich mit kostbaren Steinen schmücken,
den Tugenden des Himmels.

Ich bete Dich an, Herr Jesus,
Du wirst auf mich schauen
und mir Dein göttliches Geschmeide anlegen,
die ewige Treue.

Ich bete Dich an,
armselig bin ich und doch von Dir geschmückt,
Du schenkst die Gaben des Heiligen Geistes.

Ich bete Dich an, mein Jesus,
so knie ich vor Dir,
arm, Deiner nicht würdig,
doch in Deinen Augen kostbar,
und Du willst,
dass ich ganz in Dir und Du ganz in mir bist.

Ich bete Dich an,
Du unendliche Liebe,
die sich ganz und gar verschenkt."

Montag, 17. Januar 2005

Ich hörte die Stimme der heiligen Teresa von Avila:

„Schaust du in der Stille auf den Herrn, so bist du ganz in Seiner Hand geborgen. Er selbst will, dass deine Seele in Ihm geborgen ist. Dein Herz will Er wandeln. Er, die Liebe selbst, will dein Herz zu Seinem Thron bereiten. Gewähre Ihm Einlass, bete und gehe in die Stille, damit Sein Wille an dir geschehe."

Sie betete mir vor:

„In der Stille bin ich ganz in Dir geborgen,
o Herr Jesus, du mein Retter.

Die Stille stillt mein Verlangen nach Dir,
dort bist Du verborgen.

Die Stille stillt den Durst meiner Seele,
Du bist mein lebendiges Wasser.

Die Stille stillt den Hunger meines Herzens,
Du bist mein lebendiges Brot.

Die Stille stillt mein Denken,
ich überlasse mich Dir.

Die Stille stillt mein Handeln,
Du handelst in mir.

Die Stille stillt mein Hören,
nur Dein Wort möchte ich empfangen.

Die Stille stillt mein Sehen,
ich möchte Dich schauen und bei Dir verweilen.

Die Stille stillt mich in Dir!“

28. Januar 2005

Ich hörte die Stimme der heiligen Teresa von Avila.
Sie betete mit mir:

„Mein Herr Jesus,
nimm mein Herz ganz und gar in Deine Hände.

Pflanze darin Deine Liebe.

Schenke mir die Zuversicht und das Vertrauen,
Deine Liebe in mir wachsen zu lassen.

Für Deine Liebe brauche ich ein weites Herz,
welches Wachstum zulässt.

Herr, ich will Dein fruchtbarer Boden sein.

Du pflanzt, bist mir lebendiges Wasser

und meine eucharistische Sonne.

Schenke mir ein weites Herz,
dann weicht in mir die Enge des alten Adam.

Von der Enge befreit
in Deine liebende Weite gehend,
kann ich vertrauensvoll Dich, o Herr,
und meinen Nächsten lieben."

Mittwoch, 2. Februar 2005

Darstellung des Herrn

Die heilige Teresa von Avila sprach nach dem Gebet zu mir:

„Betrachte mit mir unseren Herrn, das makellose Lamm, den König der Könige, allmächtig und für unsere Sünden geopfert. Wie kann dies geschehen? Ist es nicht töricht von Ihm, dem Allweisen? Aus Seiner unendlichen Liebe zu uns geht Er als Opferlamm hervor, damit wir nicht verloren gehen.

Entsagung – Ein Wort, das jedem Menschen missfällt, sofern er nicht im Herrn gefestigt ist. Die Heiligste Jungfrau Maria entsagt dem Eigenleben und öffnet sich ganz für das Wirken der Allmacht Gottes bei der Begegnung des Engels.

Josef entsagt einer gesellschaftlichen Ordnung seinerzeit. Als Mensch, den Folgen der Erbsünde ausgesetzt, wird er versucht. Aus der Versuchung heraus führt ihn die Liebe zu Maria und Gott. Diese Liebe lässt Gott ein Zeichen wirken. Josef, ein wohlgeratener Mann, älter als Maria es war, klug, entsagt nicht nur seiner Rechte, er entsagt dem weltlichen Leben.

Der heilige Josef und die Heiligste Jungfrau Maria, wunderbar in der Betrachtung – in der Entsagung der Welt liegt ihre Stärke!

Wie oft habe ich meinen Schwestern empfohlen, sich in allen Angelegenheiten, besonders in der Versuchung, im Gebet an den heiligen Josef zu wenden. Wenn der himmlische Vater ihm seinen einzigen Sohn auf Erden anvertraute und dazu noch das Leben der Heiligsten Jungfrau, umso mehr dürfen wir auf seine Hilfe hoffen und uns vertrauensvoll an ihn wenden. Dem heiligen Josef habe ich mich täglich anempfohlen, da ich um seine Größe wusste. So wie der Herr sich vertrauensvoll in Josefs Obhut begab, so begibt Er Sich täglich in die Hände Seiner Priester. Ihnen darf ich wohl das tägliche Gebet zum heiligen Josef empfehlen. Er wird sie in aller Bedrängnis stärken und aus der Not führen, weil er selbst die Entsagung der Welt gelebt hat.

Geistliche Väter, sucht nicht Rat bei jenen, die das weltliche Leben lieben; jene kennen die Entsagung nicht und halten sie für töricht. Sucht vielmehr Trost bei jenen, die es euch vorlebten und heute noch leben. Die Entsagung der Welt öffnet eure Seele für Seine Majestät. Der Mensch, der nicht entsagt, erkennt weder die Welt noch das Wirken Seiner Majestät."

Freitag, 11. Februar 2005

Ich hörte die Stimme der heiligen Teresa von Avila nach dem Morgengebet:

„Meine Freundin, sorge dich nicht um jene, die danach suchen, dir Fallstricke zu legen. Liebe jene, vergib ihnen, bete für diese. Du schaue nur auf unseren Herrn, Seine göttliche Majestät und Seine himmlische Mutter. Alles andere gehört nicht in dein Herz, denn Er selbst, unser Herr, verlangt danach, in deinem Herzen zu wohnen. Es ist nicht ungewöhnlich, dass selbst fromme Seelen dem Stolz und der Eifersucht erliegen, auf dich Kleine schauen und alles für nichtig erklären. Unwürdig bist du, jedoch was sie vergessen, ist, dass der Herr, Seine Majestät, alles so gewollt hat. Du lebst in Seiner Schule. Jene sehen nicht auf sich selbst und vergessen sich ganz. Lasse Gott wirken! Sorge dich nicht. Gottes Wille geschieht. Achte nur darauf, treu der Kirche zu dienen. Höre auf die Worte der erhabenen Majestät und unserer himmlischen Mutter, diene der Kirche."

Montag, 14. Februar 2005

Ein Stern schwebte über dem Mittelgang, vom Eingang der Kirche ausgehend bis in den Altarraum. Unter ihm bildete sich ein ovales weißliches Licht. Aus diesem Licht kam der Erzengel Gabriel hervor. Er sah in der Gestalt und Kleidung aus wie auf dem Bild, das nach seiner Erscheinung in der Sievernicher Kirche gemalt wurde. Er trug ein weißes Ge-

wand und eine blaue Schärpe um seine Hüfte. Seine Hände hielt er zum Gebet gefaltet. Seine Erscheinung war groß und sein Gesichtsausdruck sanft, aber ernst.

Er sprach:

„Ehre sei dem Vater und dem Sohn und dem Heiligen Geist ...“

Ich antwortete: „... wie im Anfang, so auch jetzt und alle Zeit und in Ewigkeit. Amen.“

Weiter sprach er:

„Die Himmelskönigin wünscht, dass ihr fastet und betet! Eure Bitten werde ich ihr vortragen. Unser Himmelskönig wird euch Sein Heil schenken.“

Gabriel segnete uns alle im Namen des Vaters und des Sohnes und des Heiligen Geistes.

Von dem ovalen Licht hinter ihm ging nun ein weißliches Licht zu uns herüber. Plötzlich verschwand er und das Licht wurde kleiner, bis es nicht mehr zu sehen war.

Sievernich, 7. März 2005, ca. 17.25 Uhr

Ein achtstrahliger Stern aus hellem weißen Licht schwebte in der Luft, vom Kircheneingang ausgehend durch den Mittelgang in den Chorraum der Kirche, und hielt (von mir aus gesehen) links neben dem Altar schwebend in der Luft an. Ein leises

Summen begleitete diesen Stern, welcher an uns vorüberzog. Sein Durchmesser betrug ca. 60 cm. Etwas seitlich darunter erschien ein helles weißes Licht, aus dem der heilige Erzengel Gabriel hervortrat. Er war ganz in Weiß gekleidet und trug eine blaue Schärpe um seine Hüfte. Die Schärpe war mit zwei goldbestickten Motiven versehen. Das obere Ende der Schärpe zeigte ein Kreuz, welches als Fuß den Buchstaben M hatte und umringt von zwölf Sternen war. Das untere Ende der Schärpe zeigte die Tiara.

Der heilige Erzengel Gabriel betete:

„Ehre sei dem Vater und dem Sohn und dem Heiligen Geist ..."

Ich durfte zu Ende führen: „Wie im Anfang, so auch jetzt und alle Zeit und in Ewigkeit. Amen."

Er sprach: „Betet, opfert, tut Buße!"

In seinen Händen hielt er nun zwei Schalen. In seiner linken Hand eine dunkle, in seiner rechten Hand eine goldene Schale. Er fragte mich, welche Schale ich wähle. Die dunkle enthielt die irdischen Freuden, die goldene Schale die himmlischen Freuden.

Ich wählte die Schale mit den himmlischen Freuden und er sprach zu mir, dass ich dafür einiges erleiden müsse.

Er kam näher zu mir und sprach: „Folge mir!"

Ich wusste nicht wohin. Er kam wieder etwas näher und gab mir die Anweisung, im Mittelgang der Kirche vor dem Altar und Tabernakel zu knien und ihm nachzusprechen. Dies tat ich nach seiner Weisung, so dass ich direkt auf den Altar und Tabernakel blickte und den heiligen Erzengel Gabriel ganz nah an meiner Seite sah.

Er betete vor und ich sprach nach:

„Ewiger Vater, ich opfere Dir auf den Leib und das kostbare Blut Deines über alles geliebten Sohnes, unseres Herrn Jesus Christus, damit alle Gleichgültigkeiten gegen das Allerheiligste Sakrament gesühnt werden."

(Eigene Anmerkung: Ich hoffe, den genauen Wortlaut des Gebetes wiedergegeben zu haben, da ich dieses Gebet erst nach der Erscheinung aufschreiben konnte.)

Weiter sprach er:

„Der himmlische König und die himmlische Königin wünschen, dass dieser Ort ein Ort der Anbetung und Umkehr wird."

Nun gab er mir die Anweisung, dreimal an dieser Stelle, vor dem Altar und Tabernakel, den Boden zu küssen. Er sprach:

„Für die Bekehrung der Sünder."

Ich küsste daraufhin das erste Mal den Boden.

Weiter sprach er: „Für die Priester."

Das zweite Mal küsste ich den Boden.

Dann sprach er:

„Als Sühne für die Schmähungen, Entweihungen und Gleichgültigkeiten gegenüber den Sakramenten."

Ein drittes Mal küsste ich den Boden.

Danach sprach er:

„Ihr dürft hier die Barmherzigkeit unseres Herrn Jesus Christus erfahren. Dies ist eine wunderbare Gnade."

Zuletzt segnete er uns alle, die Briefe und Rosenkränze im Namen des Vaters und des Sohnes und des Heiligen Geistes und sagte zu, er werde alle Anliegen vor die Gottesmutter tragen.

Seine letzten Worte waren:

„Gelobt sei Jesus Christus in Ewigkeit. Amen."

Dann verschwand er im Licht. Das Licht und der Stern wurden kleiner und verschwanden.

Ostermontag, 28. März 2005

Ich hörte die Stimme der heiligen Teresa von Avila:

„Betrachte mit mir unseren Herrn Jesus, den Gekreuzigten, Sein Leiden, das Kreuz. Wie stark und schwer ..., jedoch wie kurz ist diese Zeit gemessen an der großen Freude, die der Herr uns immerwährend schenkt.

Halleluja, Er ist wahrhaft auferstanden, überwand die Welt mit ihrem Leid, mit ihrem Schmerz. Durch das Kreuz mit unserem Herrn Jesus werden die Menschen Heil erfahren. (Anmerkung: Nur wenn wir unser Tun, Opfern und Leiden mit den Verdiensten Jesu vereinen und dem himmlischen Vater aufopfern, bringt uns dies Heil für unsere Seelen. Ohne Christus gibt es kein Heil. Joh 15, 4 – 6: Bleibet in Mir, und Ich bleibe in euch. Wie die Rebe von sich selbst keine Frucht bringen kann, wenn sie nicht am Weinstock bleibt, so auch ihr nicht, wenn ihr nicht in Mir bleibet. Ich bin der Weinstock, ihr seid die Reben. Wer in Mir bleibt und in wem Ich bleibe, der bringt viele Frucht, denn getrennt von Mir könnt ihr nichts tun.)

Betrachte mit mir den Auferstandenen. Welch große Freude legt Er mit Seiner frohen Botschaft in unser Herz hinein. Wir dürfen Ihm folgen und in Ihm auferstehen. Jesus verlässt uns nicht, Er bleibt bei uns mit dem Heiligen Geist, weil Er auferstanden ist.

All jenes hat Er für dich getan, lieber Leser, vergiss es nicht! Du bist von Anfang an von Ihm geliebt, ein Teil von Ihm, und Er wünscht, dass du zu Ihm findest, wie es deine Bestimmung ist. Freut euch, denn Seine Auferstehung ist die unsrige! Werdet nicht müde in der Liebe zu Ihm, in der Freude, folgt Ihm nach!“

Sie betete mir vor:

„Gehe ich durch Dunkelheit und Leiden,
Du bist mir vorausgegangen.
Ich kenne Deinen, Du meinen Weg.
Du, Herr, wirst mich nicht ins Ungewisse
gehen lassen und mich auffangen.
Das Kreuz betrachte ich,
jedoch nicht ohne Dich, mein Herr.
Du bist glorreich auferstanden.
Mit Deinem siegreichen Licht
hast du die Freude zu uns gebracht.

Mein Herz brennt nach Dir, dem Auferstandenen!
Lass mich, o Herr,
jeden Tag in Dir auferstehen,
zeige mir Dein siegendes Osterlicht.“

Sievernich, 4. April 2005

Verkündigung des Herrn

Ich spürte eine große Hitze. Von mir aus gesehen links vom Altar erschien das ovale helle strahlende Licht der Gottesmutter. Die Makellose trat aus diesem Licht hervor. Sie war ganz in Weiß gekleidet, auf ihrem Haupt trug sie eine strahlende goldene Krone. In ihren Händen hielt sie einen goldenen Rosenkranz. Über ihrem Arm lag das braune Skapulier vom Berge Karmel. Sie stand barfuß auf ei-

ner Wolke, sah alle Menschen an und lächelte. In meiner großen Freude über ihr Kommen sprach ich sie an: „Ich grüße dich, Heilige Jungfrau, dass du heute gekommen bist ... endlich bist du da!“

Darauf tröstete sie mich und sprach:

„Ich hatte mich noch nicht verabschiedet.“

Ihre Worte wiederholte ich voller Freude: „Ja, du hattest dich noch nicht verabschiedet.“

Dann sprach sie:

„Liebe Kinder, ich grüße und segne euch im Namen meines geliebten Sohnes Jesus Christus. Mein Sohn wünscht, dass ihr euch ganz meinem Unbefleckten Herzen weiht.“

Sie schwebte näher zu mir und gab mir per Handzeichen zu verstehen, dass ich mich ganz auf den Boden in den Mittelgang legen solle. Dies tat ich Ihrem Wunsch gemäß und sprach nach, was sie mir sagte:

„O mein Jesus, ganz und gar gehöre ich dir. Maria, ich weihe mich ganz deinem Unbefleckten Herzen. O Jesus, erbarme Dich meiner. O Jesus, erbarme Dich unser!“

Nun nahm ich meinen Platz wieder in der Kirchenbank ein. Sie sprach zu mir:

„Das Wort ist Fleisch geworden. Dies sei der Festtag dieses Ortes!

Meinen lieben Sohn werde ich bald zu mir in den Himmel nehmen. Er wird euer Fürsprecher sein.“

„Betet, betet, betet! Betet für alle Nationen!“

Dann segnete sie die Rosenkränze im Namen des Vaters und des Sohnes und des Heiligen Geistes und nahm uns alle unter ihren schützenden Mantel. Wir waren alle darin geborgen. In ihrem Mantel sah ich für kurze Zeit ein wunderbares Licht, in welchem eine Schar weiß gekleideter Personen standen, die ich jedoch nicht erkannte.

Sie sprach:

„Euch schenke ich die Gnade meines Sohnes Jesus. Ehre sei dem Vater und dem Sohne und dem Heiligen Geist ...“

Ich antwortete: „... wie im Anfang, so auch jetzt und alle Zeit und in Ewigkeit. Amen.“

Dann ging die Makellose behutsam zurück und verschwand im Licht

Fragen an Manuela Strack (Seherin von Sievernich)

Was bedeutet es für Sie, gewürdigt zu sein, himmlische Botschaften zu empfangen? Mehr Last oder mehr Glückseligkeit?

Ohne aufdringlich zu wirken, möchte ich zunächst die erste Frage beantworten und herausstellen. Ich bin nicht würdig, die Gottesmutter zu sehen und Botschaften von ihr und dem Himmel zu erhalten. Wie jeder Mensch bin ich ein Sünder und unterscheide mich nicht von anderen Menschen. Dass die Gottesmutter mir erschienen ist und mir Botschaften gab, ist ein wunderbares, von mir unverdientes Geschenk Gottes. Gerne nehme ich es an, gerne nehme ich die Belehrungen der Engel und Heiligen an. Die Botschaft von Sievernich hat mein ganzes Leben verändert. Eigentlich das ganze Leben meiner Familie. Wir versuchen, unser Leben nach dem Evangelium auszurichten. Was die zweite Frage nach Last oder Glückseligkeit betrifft: Es möge sich bitte niemand leichtfertig wünschen, an meiner Stelle zu stehen. Jedoch alle Anfeindungen, Verleumdungen und durchaus harten Prüfungen werden nicht die ewige Freude und große Glückseligkeit in mir zerstören können, die die Gottesmutter Maria mir schenkt.

Sind Sie während der Erscheinungen „entrückt"? Nehmen Sie die Umgebung um sich herum noch bewusst wahr oder sind Sie in diesem Moment von der himmlischen Sphäre gefesselt, dass Sie sich gleichsam in einer anderen Welt befinden?

Während der Erscheinungen der Makellosen befinde ich mich in einem anderen körperlichen Zustand. In den Erscheinungsberichten erwähnte ich, dass mir vor den Erscheinungen immer sehr heiß wird und diese Hitze bleibt, solange die Gottesmutter sichtbar ist. Viele Menschen, die während der Erscheinungen in meiner Nähe saßen, spürten diese Wärme ebenso, obwohl sie gar nicht wussten, wann die Gottesmutter zu uns kam. Ich bin in einem anderen Zustand, den ich aber nicht mit dem Wort „entrückt" definieren würde. Es ist ein Gefühl ewiger Freude, wunderbar und unbeschreiblich, wie im Himmel, als ob mich die Liebe selbst ganz sanft umarmen würde. Eine solche Erfahrung kannte ich vorher nicht. Alles, was mich bedrückt und belastet, fällt ab von mir. Meine Umgebung nehme ich unterschiedlich wahr, so wie die Gottesmutter es wünscht. Oft sehe ich nur sie ganz klar und die Menschen etwas verschwommen oder im Nebel. Ist jedoch eine Gruppe oder ein Mensch Teil ihrer Botschaft, die sie an uns richtet, so sehe ich diese ebenso deutlich. Wohin sie geht, wenn sie sich bewegt, kann ich deutlich sehen, denn sie bewegt sich oft im Kirchenraum der Sievernicher Kirche und nimmt unterschiedliche Plätze während ihrer Erscheinungen ein. Meinen körperlichen Zustand würde ich daher eher als Ekstase bezeichnen, obwohl ich keine fachliche Kompetenz besitze und nicht weiß, ob meine Bezeichnung richtig ist.

Wie haben die Erscheinungen Ihr persönliches Leben verändert? Sind Sie frommer, glücklicher oder vielleicht trauriger geworden? Sie mussten viele persönliche Anfeindungen und Verleumdungen ertragen. Haben Sie dadurch auch eine veränderte Einstellung zum Sinn des Leidens bekommen?

Nicht nur mein Leben, das ganze Leben meiner Familie hat sich durch die Erscheinungen der Gottesmutter verändert. Wir versuchen, nach dem Evangelium zu leben. Die Anfeindungen und Verleumdungen haben uns nicht trauriger gemacht, da wir auf die Hilfe der Gottesmutter vertrauten und sie uns in Jesu Namen geholfen hat! Sie fragen nach meiner veränderten Einstellung zum Sinn des Leidens, woher wissen Sie das? Als ich die Muttergottes anfangs sah, habe ich so vor mich hin gedacht: Wunderbar, die Gottesmutter ist zu dir gekommen und sie spricht sogar! Dann folgte der zweite Gedanke: Zu allem bin ich für Maria bereit, wenn ich nur nicht leiden muss. Als moderne Frau hatte ich ein anderes Verständnis vom Leiden. Selbstverwirklichung und Selbsterfahrung sind in, Leiden zu ertragen passt nicht so richtig in unsere heutige Zeit. Was tat die

Gottesmutter? Sie erschien und fragte mich, ob ich den Weg zu Jesus mit ihr gehen wolle. Ich zögerte, da ich mich vor kommenden Leiden fürchtete. Nun reichte sie mir ihre Hand und lächelte. Ihr konnte ich wirklich nicht widerstehen und so gab ich meine Zustimmung. Heute weiß ich, dass Liebe und Leid sehr eng miteinander verknüpft sind und beide Erfahrungen für den gläubigen Menschen sehr wichtig sind. Heute darf ich Ihnen sagen: In Freude dürfen wir als Christen leben, doch nie habe ich Jesu Nähe stärker gespürt als im Leiden.

Häufig sagen Gläubige, auch Priester, sie könnten nicht glauben, dass immer wieder die Muttergottes erscheint, um Botschaften zu geben; mit dem Evangelium sei alles gesagt und die Offenbarung abgeschlossen. Was erwidern Sie darauf?

Es ist absolut richtig, dass mit dem Evangelium alles gesagt worden ist. In diesem Sinne erlaube ich mir, ein für alle Gläubigen wichtiges Buch, den Katechismus der katholischen Kirche, zu erwähnen, den die Gottesmutter mir sehr anempfohlen hat. Dort finden Sie im zweiten Kapitel, Artikel III, 66–67, hierzu folgende Sätze: „Daher wird die christliche Heilsordnung, nämlich der neue und nun endgültige Bund, niemals vorübergehen, und es ist keine neue öffentliche Offenbarung mehr zu erwarten vor der glorreichen Erscheinung unseres Herrn Jesus Christus (DV4). Obwohl die Offenbarung abgeschlossen ist, ist ihr Inhalt nicht vollständig ausgeschöpft; es bleibt Sache des christlichen Glaubens, im Laufe der Jahrhunderte nach und nach ihre ganze Tragweite zu erfassen. Im Laufe der Jahrhunderte gab es so genannte „Privatoffenbarungen“, von denen einige durch die kirchliche Autorität anerkannt wurden. Sie gehören jedoch nicht zum Glaubensgut. Sie sind nicht dazu da, die endgültige Offenbarung Christi zu „vervollkommnen“ oder zu „vervollständigen“, sondern sie sollen helfen, in einem bestimmten Zeitalter tiefer aus ihr zu leben.“ (Quelle: Katechismus der Katholischen Kirche, Neuübersetzung aufgrund der Editio Typica Latina, deutsche Ausgabe, Verlag R. Oldenbourg, München – Libreria Editrice Vaticana 2003.)

Dies alles schließt jedoch nicht aus, dass der Herr und die Heiligen in Jesu Namen in der heutigen Zeit unser Leben bewegen. Jesus und die Makellose wünschen, dass das Evangelium heute gelebt wird. Wäre dies so, würde es keine kriegerischen Auseinandersetzungen, keine Missachtung der Schöpfung Gottes, keine Hungertote geben. Der Mensch würde Gott, sich und die Schöpfung achten und lieben. Schauen Sie sich die Welt an, müssen wir nicht täglich an das Evangelium erinnert werden? Haben wir Christen nicht das einzigartige Wunder vergessen, welches im täglichen heiligen Messopfer geschieht? Die Makellose möchte uns wieder an Jesu Worte erinnern und uns zu ihm führen: zur katholischen Kirche, in der Jesus lebt. Sie empfiehlt uns die Sakramente, in denen Jesus gegenwärtig ist, und sagt, dass diese uns heil machen. Gott bewegt unser Leben durch Maria, erinnert uns an die Worte seines einzigen Sohnes und schenkt uns seine Kraft durch die Priester.

Maria wird in der Lauretanischen Litanei als „Königin der Propheten" gepriesen. Hat auch die Botschaft von Sievernich eine prophetische Dimension? Und an wen ist sie gerichtet? Nur an bestimmte Menschen, nur an die Gemeinde von Sievernich und die Blaue Gebetsoase oder an alle, an ganze Völker und Nationen?

Soweit ich dies beurteilen darf und überhaupt kann, hat die Botschaft von Sievernich eine prophetische Dimension. Eine richtige Antwort wird Ihnen gewiss mein Seelenführer, Herr Dr. Bündgens, geben können. Bitte haben Sie Verständnis dafür, dass ich auf Wunsch der Gottesmutter nicht über alles sprechen darf. Die Gottesmutter ruft in Sievernich alle Nationen zu sich.

In Sievernich wurden Ihnen drei „Schlüssel" von der Muttergottes (für den Heiligen Vater) gegeben. Sind diese als drei „Geheimnisse" (ähnlich denen Fatimas) zu verstehen?

Das notariell versiegelte Dokument über den Inhalt der drei von der Gottesmutter erhaltenen Schlüssel wurde dem Heiligen Vater am 11. Februar 2004 in Rom persönlich übergeben. Über den Inhalt der Schlüssel darf ich jedoch nicht sprechen. Jeder Schlüssel, den ich von der Gottesmutter erhielt, öffnete sich in meiner Hand, und ich sah teilweise Dinge real, manche wie einen Film vor mir. Wie die Geheimnisse von Fatima zu verstehen sind, weiß ich leider nicht.

Viele Menschen haben Angst vor der Zukunft. Sie fürchten Katastrophen, Unheil und Krieg. Sind die Erscheinungen und Botschaften der Muttergottes Ereignisse, die solche Zukunftserwartungen eher bestätigen, oder Ereignisse, die Anlass zu Hoffnung und Freude auf eine bessere Zukunft geben?

Ich möchte den Menschen raten, was mir die Gottesmutter empfohlen hat: Wir sollen unser Leben auf Jesus hin ausrichten. Leben wir als Christen, so sind wir jederzeit bereit, aus unserem Leben zum Herrn gerufen zu werden. Panikmache stammt nicht von Gott! Es gibt Veränderungen und Ereignisse, die geschehen müssen. Bleiben wir Gott treu, so wird er auch bei uns bleiben! Nach dieser Zeit dürfen wir Anlass zu großer Hoffnung und Freude haben!

Sie dürfen auch viele Heilige und Engel sehen. Die große Teresa von Avila lehrt Sie wunderbare

Gebete. Wissen Sie, was die Anwesenheit so vieler Heiliger und Engel bei den Ihnen gewährten Erscheinungen zu bedeuten hat?

Sehr unwissend bin ich darüber. Vielleicht hat mein Seelenführer eine Erklärung für die Anwesenheit vieler Engel und Heiligen. Dankbar bin ich über die Erscheinungen des Erzengels Gabriel und vieler Heiligen. Doch erfüllt mich gerade die heilige Teresa von Avila mit großer Freude. Ihr Temperament, ihre Festigkeit und Gradlinigkeit, kombiniert mit einer großen Portion Humor, lassen mich immer wieder erstaunen. Sie hat mir auch gezeigt, wie wichtig es ist, für den Klerus zu beten. Dies ist nicht als irgendeine Wertung zu verstehen. Vielmehr kannte und kennt Teresa die Versuchungen, denen die Geistlichkeit ausgesetzt ist.

Wie würden Sie das eigentliche Anliegen der Botschaften von Sievernich beschreiben? Und was sollten die Gläubigen vor allem tun?

Die Makellose ist in Sievernich für alle Menschen erschienen. Auch wenn die Menschen sie nicht sehen, sie schenkt ihnen die Gnade ihres Sohnes Jesus, wenn diese von Herzen bitten. In ihren Botschaften erinnert sie uns an das Evangelium, die Worte und das Leben ihres Sohnes Jesus. Sie selbst hat alles auch gelebt und Freude und großes Leid ertragen. Sie möchte nicht, dass wir Menschen verloren gehen und Irrlehren folgen. Sie weist uns den Weg zu Jesus, der in der von ihm selbst gegründeten katholischen Kirche lebt und durch seine Priester in den Sakramenten zu den Menschen findet. Die Gottesmutter betont immer wieder die heilsbringende Wirkung der Sakramente für den Menschen. Für den Ort Sievernich wünscht sie die Errichtung eines geistlichen Zentrums der Anbetung ihres Sohnes Jesus Christus. Leider fehlen uns zur Zeit noch die Mittel zur Umsetzung ihres Wunsches. Die Heilige Jungfrau sagt, wenn ihr Sohn Jesus angebetet wird, wird er die Menschen berühren, und aus der Anbetung wird die Frucht der Berufung hervorgehen. Die Anbetung ist so etwas: wie auf Tuchfühlung mit dem Herrn gehen.

Für die Gläubigen kurz gefasst: Lebt das Evangelium in der Kirche Jesu als bekennende Christen. Stärkt euch in den Sakramenten, welche die Priester uns als Nachfolger Jesu spenden. Jedem Menschen kann ich dies nur raten. Weiterhin empfiehlt uns die Makellose das tägliche Gebet, das Rosenkranzgebet, die Weihe an ihr Unbeflecktes Herz und das Skapulier vom Berge Karmel.

Wie können jene, die die Botschaften der Muttergottes weitertragen und anderen nahe bringen wollen, dies anstellen? Wie, glauben Sie, lassen sich die Menschen am besten von den Anliegen der Muttergottes berühren?

Viele Menschen, die den Weg nach Sievernich gefunden haben bzw. die Gelegenheit hatten zu kommen, darunter waren nicht nur Christen, wurden von der Gottesmutter in verschiedener Art und Weise berührt. Doch wenn ich eine Botschaft wahrhaftig weitergeben möchte, dann schaue ich auf Jesus. Er selbst will, dass wir lebendige Zeugen seiner Liebe werden. Wenn ich also versuche, das Evangelium und die Botschaft der Gottesmutter mit der Kirche zu leben, dann trage ich sie auch zu anderen Menschen, die sich von Gott berühren lassen wollen. Das beste Zeugnis ist ein wahrhaftiges Leben! Doch überfordern wir bitte nicht anders denkende Menschen. Denn Teresa von Avila riet mir in ihrer Belehrung vom rechten Umgang mit dem Sünder am 23. September 2004: „Wirf nicht mit Steinen auf den Beladenen, der schon schwer genug trägt. Öffne ihm den Weg zum Allerhöchsten. Lege dem Beladenen den leichten Mantel der Wahrheit und Liebe sacht auf seine Schultern." Beten wir für die Menschen, die fern sind von Gott.

Hat die Mutter Gottes Ihnen Aufgaben gestellt, die Sie verwirklichen sollen? Wenn ja, können Sie diese nennen? Und können Gläubige Ihnen bei der Verwirklichung dieser himmlischen Pläne helfen?

Die Gottesmutter hat mir folgende Aufgaben gegeben: für die Welt, die Bekehrung der Sünder, die Familien, welche die Grundsteine der Kirche sind, die Priester und Ordensleute zu beten. Weiter das Gespräch mit suchenden Menschen in Sievernich zu führen. Sie teilte mir ihren Wunsch mit, in Sievernich ein geistliches Zentrum der Anbetung ihres Sohnes Jesus zu errichten. Hierzu fehlen uns noch Helfer und leider die notwendigen finanziellen Mittel, um ihren Wunsch erfüllen zu können. Für dieses geistliche Zentrum wird ein Förderverein gegründet, dem ein geistlicher Berater, ein Priester, beisitzt.

Was ist Ihr größter Wunsch?

Mein größter Wunsch ist es, dem Herrn und seiner himmlischen Mutter Freude zu bereiten. Der Herr sprach zu mir: „Wenn du mich liebst, diene mir!“ Dem Herrn und seiner Kirche mit meinen bescheidenen Möglichkeiten dienen zu dürfen und die Erfüllung des Wunsches der Gottesmutter, ein geistliches Zentrum der Anbetung Jesu in Sievernich, dies sind meine beiden Wünsche.

Nachwort

von Pfarrer Dr. Johannes Bündgens,

Heimbach, im April 2005

„Glauben Sie an Sievernich?"

So werde ich in letzter Zeit häufig gefragt. Denn seit November 2003 ist es meine Aufgabe, Frau Manuela Strack als geistlicher Begleiter zur Seite zu stehen – im Einvernehmen mit ihr selbst und mit dem Bischof von Aachen sowie in mitbrüderlicher Verbundenheit mit den zuständigen Ortspfarrern und den Priestern, die sich der Gebetsgruppe und Sievernich verbunden fühlen. Neben meiner Haupttätigkeit als Pfarrer des Marienwallfahrtsortes Heimbach (Kreis Düren) und der anderen Gemeinden des Stadtgebiets versuche ich mich an dieser Aufgabe, zumal seit dem tragischen Unfalltod von Pfr. Heribert Kleemann am 19. Juni 2004, der alle, die Sievernich verbunden sind, tief betroffen gemacht hat und für sie bis heute eine Mahnung zu Behutsamkeit und Gelassenheit darstellt.

„Glauben Sie an Sievernich?" Möglicherweise hat meine Antwort manchen Fragesteller, der ein starkes und klares Ja erwartete, enttäuscht. Persönlich gestehe ich gerne auch eine gewisse Zurückhaltung und Scheu ein, das Erscheinungsgeschehen als Zeuge aus direkter Nähe mitzuerleben. Die Umstände bringen es mit sich, dass ich zum betreffenden Zeitpunkt im Beichtstuhl oder in der Sakristei bin. Aber ganz sicher würde ich natürlich eine seelsorgliche und geistliche Begleitung nicht auf längere Zeit bei jemandem übernehmen, von dessen Aufrichtigkeit und Vertrauenswürdigkeit ich nicht überzeugt wäre. Zwischen subjektiver Wahrhaftigkeit und objektiver Wahrheit muss nicht immer volle Deckungsgleichheit bestehen; und die Kirche verlangt zurecht eine gründliche Prüfung. Jede Voreiligkeit ist dabei nur von Schaden. Das Zusammenspiel zwischen dem enthusiastischen Charisma etwa einer Seherin und dem kritisch-skeptischen Rückfragen von Theologen ist nicht nur typisch für alle Erscheinungsorte, sondern auch notwendig und heilsam für die geistliche Fruchtbarkeit. Für mein eigenes Gebetsleben hat mich die Begegnung mit Sievernich bereichert.

Diese Art der Zurückhaltung im Urteilen über die Echtheit der Erscheinungen liegt ganz auf der Linie von Pfr. Heribert Kleemann, der große Verdienste um den Aufbau der Gebetsgruppe und des Gebetstreffens hat (vgl. das Interview mit ihm in „Ich bin Maria, die Makellose – die Botschaften von Sievernich, 1. Auflage, S. 129f).

Der bemerkenswerten Konstellation, dass Menschen aus der Mitte unserer Gemeinden, die keine spezielle theologische Ausbildung durchlaufen haben (– häufig sind es Frauen oder Kinder –), empfänglich sind für übernatürliche Erscheinungen und Botschaften, während Theologen und Kirchenleute dafür unempfänglich bleiben, begegnet man im Lauf der Geschichte immer wieder. Es kann sein, dass die theologische Ausbildung und der kirchliche Beruf die übersinnliche Wahrnehmung unterdrücken und eine Art Betriebsblindheit erzeugen.

Gibt es so etwas:
Visionen, Erscheinungen, Botschaften?

Die Grundannahme: „Glaubwürdig ist nur, was mit den Sinnen erfassbar und mit dem Verstand erklärbar ist; alles andere ist phantastisch und irreal," ist eine unhinterfragte Voraussetzung für die meisten unserer Zeitgenossen. Und weil wir Kinder unserer Zeit sind, steckt ein Stück dieses praktischen Rationalismus wohl in jedem von uns. Auch in der Theologie hat er sich breit gemacht. Das technisch-wissenschaftliche Weltbild hat uns zwar viele Errungenschaften beschert, ist aber erkauft um den Preis einer großen Verarmung. Denn das sinnenhaft Erfahrbare ist nur der eine Teil der Wirklichkeit. Gerade bei uns Menschen ist die Wahrnehmung der Körpersinne nur ganz rudimentär und selektiv entwickelt. Alles, was hinter dieser alleräußersten Oberfläche liegt, fällt unten durch. Es wäre aber anmaßend und dumm, den anderen Dimensionen der Realität die Existenz abzusprechen, bloß weil sie nicht in das schmale Spektrum unseres Wahrnehmens und Begreifens fallen.

Jede menschliche Seele hat eigentlich einen Sinn für transzendentes Erleben. Leider wird diese Sensibilität in den meisten Fällen vom jahrelangen Prozess der Erziehung und Bildung und durch die Überflutung mit medialen Reizen erstickt. Nur ganz wenige Menschen bewahren sich den ursprünglichen Zugang zu den Aspekten der Realität, die mit den Sinnen nicht zu begreifen und von der Vernunft nicht zu verstehen sind. Wir erleben oft, dass kleine Kinder noch den „Sinn“ für das Transzendente und Religiöse haben, den wir Erwachsene dann meist verlernen, weil wir ihn verkümmern lassen. Wir wissen aus der Geschichte der großen Beter und Mystiker zuverlässig, dass sie die Schranken von Raum und Zeit durchbrechen und in außersinnliche Aspekte der Wirklichkeit vordringen. Die Geschichte der Heiligen ist voll von mystischen Visionen; es genügt, an die berühmtesten Beispiele wie Franz von Assisi, Katharina von Siena, Theresia von Avila oder Nikolaus von der Flüe zu denken.

Gerade wir Kirchenleute stecken hier in einem Dilemma: Einerseits sind auch wir Theologen und Prediger mitgeprägt vom rationalistischen Vorurteil, auch durch unsere Ausbildung. Andererseits berichten die Quellen des Glaubens, die Bibel im Alten und Neuen Testament, die Geschichte der Kirche und der Heiligen auf jeder Seite von Visionen, Auditionen, Erscheinungen, Botschaften, Heilungen, Totenauferweckungen usw. Es ist unbefriedigend, wenn die kirchliche Verkündigung und die Theologie solche übernatürlichen Phänomene unter dem Programmwort „Entmythologisierung“ immer nur auf der psychologischen und symbolischen Ebene interpretieren und ihnen so am Ende jeden Realitätsgehalt absprechen. Es ist schizophren, solche Phänomene zwar für alle vergangenen Perioden der Heilsgeschichte anzunehmen, sie aber für die heutige Zeit auszuschließen und darum den Berichten über Erscheinungen mit einem prinzipiellen Misstrauen zu begegnen. Es ist anmaßend, an Menschen, die solche Erscheinungen haben, das Vorurteil eines psychischen Defekts (Hysterie, Halluzination, religiöser Wahn) heranzutragen. Jede Manifestation der überirdischen Welt wie Erscheinungen der Gottesmutter, der Engel und Heiligen ist darum immer auch eine heilsame Provokation für eine einseitig verengte Praxis und Verkündigung der Kirche. Hier wird schnell „das Kind mit dem Bade ausgeschüttet“: Die Glaubwürdigkeit von Erscheinungen wird mit denselben Argumenten bekämpft, mit denen sich auch die Heilungswunder der Bibel, die Auferstehung Christi, die Existenz der Engel und am Ende sogar die Existenz Gottes selbst leugnen lassen.

Gibt es das, Marienerscheinungen im 21. Jahrhundert?

In den letzten anderthalb Jahrhunderten begegnet man mit steigender Häufigkeit der Erfahrung, dass es die Gottesmutter Maria ist, die erscheint und Botschaften mitteilt. Eine Reihe Marienerscheinungen sind von der Kirche als echt anerkannt worden. Sie sind Zeichen für

Gottes unbegrenzte Macht, für die universale Gegenwart des verherrlichten Christus und für die Mittlerschaft Marias, die Christus am engsten von allen Menschen verbunden ist. Sie stärken viele Menschen im Glauben und flößen ihnen besonders in kritischen Zeiten durch die Gewissheit der mütterlichen Nähe Marias Mut und Zuversicht ein.

Von den im Lauf der Kirchengeschichte bekannt gewordenen insgesamt knapp 1000 Phänomenen haben die weitaus meisten in den letzten Jahrzehnten stattgefunden. In dem Maß, wie die Marienverehrung in der Kirche insgesamt eher weniger intensiv und weniger enthusiastisch wurde und sich die katholische Theologie von den einstmals zentralen marianischen Themen eher zurückzog, wandten sich sozusagen in einer Gegenbewegung „von unten“ die Gläubigen vermehrt solchen Erscheinungen zu. Die römische Glaubenskongregation hat sich in den letzten Jahren vermehrt mit Erscheinungen und Botschaften beschäftigt und sie einer theologischen Kritik unterzogen.

Empfänglich für solche Phänomene sind besonders solche Gläubige, die sich der katholischen Tradition eng verbunden fühlen und die die krisenhafte Entwicklung der letzten Jahrzehnte in Frömmigkeit und Liturgie der Kirche insgesamt eher als schmerzlichen Verlust erlebt haben.

Natürlich gibt es auch die allgemeine Tendenz unserer sensationshungrigen postmodernen Gegenwart zum Irrationalen, Exzentrischen und Fanatischen. Wo der rational verantwortete Glaube an Gott schwindet, tritt an seine Stelle nicht der aufgeklärte Unglaube, sondern der irrationale Aberglaube. Hier bleibt die Aufgabe der deutlichen Abgrenzung echter Erscheinungen gegen alle Formen von Schwärmerei, Sektierertum, Esoterik und New Age. Das gilt besonders für die charismatischen Gruppen in der Kirche, die immer mehr Anhänger finden und bei denen übernatürliche Phänomene vertraut und erwünscht sind.

Manche Theologen sehen Marienerscheinungen als Gegenmittel gegen Sektierertum und Esoterik. Es fühlen sich hier viele Menschen angesprochen, die von der „normalen" kirchlichen Seelsorge und Verkündigung nicht mehr erreicht werden. Aber Fruchtbarkeit oder Wirksamkeit einerseits und Echtheit andererseits sind und bleiben zwei verschiedene Sachverhalte.

Aus der Sicht der vergleichenden Religionswissenschaft sind in der Bibel Theophanien zwar eher selten. Sie spielen in der jüdisch-christlichen Tradition eine vergleichsweise untergeordnete Rolle. Mehr als in außergewöhnlichen Erscheinungen offenbart sich Gott in der gesamten Geschichte seines Volkes, in den Worten und Taten Jesu und im Leben der Kirche. Aber zweifellos kann es als Ausnahmen von dieser Regel Erscheinungen geben. Erscheinungen allgemein für möglich zu halten und konkrete Erscheinungen für wahr zu erklären ist ein Ausdruck des Respekts vor der Freiheit Gottes, sich so zu offenbaren, wie er es will. Gegenstand des katholischen Glaubens ist die große öffentliche Offenbarung in der Heilsgeschichte, durch die sich Gott der ganzen Menschheit offenbart. Private Offenbarungen dagegen richten sich an einzelne Personen oder Gruppen und müssen daher nicht von allen geglaubt werden.

An welchem Maßstab ist die Echtheit einer Erscheinung zu messen?

Welche Kriterien werden bei einer kirchlichen Untersuchung angewandt?

Von einer echten Erscheinung, zumal der Gottesmutter, ist zu erwarten, dass sie im Einklang mit der Verkündigung der Kirche zur Buße und zum Gebet für die Bekehrung der Sünder aufruft, für die Einhaltung der Gebote Gottes wirbt und zu einer tieferen Gottes- und Nächstenliebe motiviert. Die Sievernicher Botschaften zeichnen sich hier durch eine große Nähe zur Verkündigung der Kirche aus.

Jesus von Nazaret, das menschgewordene Wort Gottes, ist die Fülle und Vollkommenheit jeder Offenbarung. In ihm hat Gott sich restlos ganz ausgesagt. Erscheinungen können also nicht den Anspruch erheben, die Offenbarung Christi zu ergänzen, zu übertreffen oder zu verbessern (CEC 67) .Sie können jedoch eine Hilfe bieten, den Glauben an Christus in einer bestimmten Zeit konsequenter zu leben und das Leben der Menschen zu bessern. Alles, was in und um Sievernich geschieht, ist der Versuch, suchenden Menschen diese Art von Hilfestellung zu geben.

Der Gott der biblischen Offenbarung ist ein transzendenter und ein verborgener Gott. Die Mittel, derer er sich bedient, sind vorzugsweise unscheinbar: Er offenbart sich in der Geschichte Israels und der Kirche. Die Häufigkeit, mit der marianische Erscheinungen und Botschaften heute behauptet werden, ist damit nicht leicht in Einklang zu bringen. Die Frage, ob es angebracht sein kann, sich bei der Verehrung der Gottesmutter Zurückhaltung aufzuerlegen, und ob dabei Übertreibungen möglich sind, ist theologisch umstritten. Jedenfalls dürften dadurch keine falschen Vorstellungen über die wahre katholische Lehre und Praxis bei nichtkatholischen Christen provoziert werden.

Jeder einzelne Gläubige ist in seinem Gewissen frei, ein bestimmtes Ereignis für eine Erscheinung Marias zu halten. Wenn jedoch das Geschehen das Leben der Glaubensgemeinschaft Kirche zu beeinflussen beginnt, wenn etwa an Erscheinungsorten Gebetsstätten und Wallfahrtsorte entstehen und neue Andachtsformen gepflegt werden, ist das Lehramt der Kirche auf den Plan gerufen.

Gegenüber Erscheinungen und Botschaften empfiehlt die Kirche eine gewisse Gelassenheit. Privatoffenbarungen und der Glaube daran sind nicht notwendig zum Heil. Auch wenn die Zeit der Prüfung durch die Kirche sich länger hinzieht oder ein Ende nicht absehbar ist, leben die Gläubigen ja nicht in einem religiösen Vakuum. Alle Elemente eines zum ewigen Seelenheil hinreichenden Glaubenslebens liegen vor, vor allem die Heilige Schrift, die Tradition und die Liturgie der Kirche. Die

Angst, eine Sünde zu begehen, wenn man sich nicht in allem nach dem Inhalt einer Botschaft richtet, ist unbegründet. Nach Sievernich oder an einen anderen Marienort mit der Absicht zu fahren, die kirchliche Autorität unter Druck zu setzen, damit sie die Echtheit der Erscheinungen und Botschaften anerkennt, ist kein tragfähiges Motiv. Gott ist in seinem Wirken völlig unabhängig. Er setzt seine Pläne so durch, wie er es will.

Einer Prüfung unterzogen wird neben dem Inhalt der Botschaften auch die Person, die die Erscheinungen zu haben behauptet: ihre seelische Gesundheit, ihr christliches Leben, ihre Zuverlässigkeit und Ehrlichkeit, ihr Verhältnis zur Autorität der Kirche.

Nicht ausreichend ist als Argument für die Echtheit einer Erscheinung die subjektive Intensität des Erlebens. Dagegen könnte und sollte ein mögliches Wunder, etwa eine Heilung oder eine andere Gebetserhörung, bei der Überprüfung der Authentizität einer Erscheinung in Betracht gezogen werden.

Warum kann die Echtheit der Erscheinungen nicht einfach und zügig anerkannt werden?

Was sollen die Gläubigen tun, solange die Kirche ihr Urteil noch nicht abgegeben hat?

Die Kirche ist verständlicherweise zurückhaltend und sparsam mit ihrer Anerkennung von Wundern, Erscheinungen, Privatoffenbarungen und Botschaften. In jedem Einzelfall braucht es eine gewissenhafte und langwierige Prüfung, bei der Theologen, Psychologen, Mediziner u.a. herangezogen werden, um den Verdacht von Mystifizierung, Betrug oder Leichtgläubigkeit auszuräumen. Zuständig ist der Ortsbischof. Wenn die Erscheinung über die Grenzen eines Bistums hinaus Ausstrahlungskraft besitzt, ist der Diözesanbischof gehalten, den Heiligen Stuhl in Kenntnis zu setzen. Zuständige römische Stelle ist die Glaubenskongregation. Die Kirche hat die Pflicht der Wachsamkeit, die Gläubigen vor Irrtümern zu bewahren. Die Kirche tut sich aber derzeit auch schwer bei der Beurteilung der Echtheit von Erscheinungen und Botschaften. Es gibt zwar eine Instruktion der Glaubenskongregation mit Regeln für den Umgang bei diesem Thema, diese ist aber wenig bekannt; und dem Vernehmen nach arbeitet man aber dort derzeit an einem neuen Kriterienkatalog.

Bei vielen Erscheinungsorten der letzten Zeit zeichnet sich ab, dass die Kirche die Formen von Volksfrömmigkeit kanalisiert, indem sie den Ort der Erscheinungen zu einer Gebetsstätte erklärt und von Seelsorgern betreuen lässt, ohne sich definitiv zur Echtheitsfrage zu äußern. Man kann dieses Vorgehen kritisch sehen; aber ein gewisser Pragmatismus im Umgang mit Erscheinungen und Botschaften erscheint doch zulässig.

Die guten Früchte, die an einem Erscheinungsort wachsen, z.B. dass sich viele, auch junge Menschen bekehren und neu den Weg zur Kirche und ihren Sakramenten finden, dass andächtig und eifrig gebetet wird, dass viele Menschen das Bußsakrament empfangen und die Eucharistie mitfeiern, sind gut und begrüßenswert und ein ernstzunehmendes Indiz, aber an sich noch kein hinreichendes Argument für die Echtheit der Erscheinung.

Solange die Kirche ihr Urteil nicht abgegeben hat – und das kann oft Jahre und Jahrzehnte dauern –, sind die Gläubigen gehalten, sich an die Lehre des Glaubens und die Weisungen der Kirche zu halten und an den Grundsätzen einer gesunden Marientheologie und Marienfrömmigkeit zu orientieren. Hierher gehören vor allem die Aussagen des Neuen Testaments über Maria, die liturgische Praxis der Kirche, die Lehre des Zweiten Vatikanischen Konzils, die marianischen Schreiben „Marialis Cultus" von Paul VI. und „Redemptoris Mater" von Johannes Paul II.

Was würde eine kirchliche Approbation der Erscheinungen von Sievernich bedeuten?

Die Kirche erlaubt unter bestimmten Voraussetzungen in einzelnen Fällen, Erscheinungen Glauben zu schenken. Eine solche Approbation ist keine Autorisierung, die allgemein dazu verpflichten würde, den Inhalt der betreffenden Privatoffenbarung zu glauben. Sie ist nur eine Vergewisserung, dass es sich nicht um Aberglaube oder Massensuggestion handelt. Allerdings wäre es ein Zeichen unkirchlicher Gesinnung und geistlichen Hochmuts, wenn jemand eine kirchlich approbierte Erscheinung ablehnte.

Wie geht es weiter?

Noch vor der Zeit, zu der die Botschaften gegebenenfalls einmal die kirchliche Anerkennung erlangen werden, geht von Sievernich, vom Gebetstreffen der Blauen Oase und vom Glaubenszeugnis der Menschen, die sich dorthin gezogen fühlen, eine spürbare Kraft aus. Die Anstrengungen in Sievernich selbst konzentrieren sich derzeit auf ein intensives Gebetsleben in guter katholischer und marianischer Tradition, auf die Feier eines würdigen Gottesdienstes, auf gute seelsorgliche Begleitung der Menschen, die hierher kommen, auf einen versöhnlichen und konstruktiven Umgang zwischen allen Beteiligten, auf die angedachte Errichtung eines geistlichen Zentrums für Einkehrtage, Vorträge, Exerzitien u.ä. Das Erstaunliche von Sievernich ist: In einem wenig auffälligen Ort irgendwo am Rande des krisengeschüttelten Bistums Aachen, in einem abgelegenen Winkel des platten Dürener Landes, in einer zwar schönen und schlichten, aber nicht ungewöhnlichen Dorfkirche eines kleinen Voreifelortes ereignet sich ein Geschehen, das viele als direktes Eingreifen des Himmels deuten. Maria, die Mutter Jesu und Mutter der Kirche, zeigt ihre bleibende Gegenwart gerade hier, und sie richtet ihr ermutigendes und provozierendes Wort an Menschen einer Zeit, die den meisten als glaubensschwach und religiös unempfindlich gilt.

Wir bekommen eine Ahnung von der unendlichen Freiheit Gottes, der seine Kirche auch in diesen schwierigen Zeiten nicht verlässt.

Quellen: Cf. grundlegend Hierzenberger, Gottfried u.a., Erscheinungen und Botschaften der Gottesmutter Maria. Vollständige Dokumentation durch zwei Jahrtausende. Augsburg 1993. / Hanauer, Josef, Muttergotteserscheinungen, Tatsachen oder Täuschungen?, Frankfurt 1996. / Sonderheft Theologisches, Februar 2005: Neuere Marienerscheinungen.